孔子の生涯

三戸岡道夫

栄光出版社

目次

第一章　出生

孔子《こうし》は紀元前五五二年十月二十一日に、中国に生まれた。今からおよそ二千五百五十年前である。

生まれたのは魯《ろ》の国、昌平《しょうへい》郷《きょう》の陬《すう》という邑《むら》である。陬の位置は、魯の首都（現在の中国の山東《さんとう》省曲阜《きょくふ》）から南東三十三キロメートルにあたる近郊である。

そこは泗水《しすい》と洙水《しゅすい》という、二つの川にはさまれた平坦な田園地帯で、後年、孔子の学を洙泗《しゅし》の学とも呼ぶのは、このためである。また、日本の江戸時代の幕府の大学昌平黌《こう》が、この昌平郷からその名をとったのは、いうまでもない。

魯は小国ではあったが、周《しゅう》王朝を創始した武王の弟である、周公旦《しゅうこうたん》が封ぜられた、由緒のある国であった。

さて、孔子という名前であるが、「孔」は姓であり、「子」は古代中国における男子の尊称であり、したがって孔子とは、孔先生といったような意味である。

孔子の本名は「丘《きゅう》」である。

なお、その頃の中国には本名のほかに、他人から呼ばれるための字《あざな》（通称）というものがあった。他人からは字で呼ばれるのが普通なのだった。孔子の字は「仲尼《ちゅうじ》」である。

この名前の由来についてはいろいろ伝説があるが、孔子の母親が、

（どうか子供を授けてください）

と、曲阜の南東にひろがる尼丘山《じきゅうざん》にお祈りに行った。そして生まれた子供の頭の頂きが、尼丘山のように中央が凹んでまわりが高くなっていて、尼丘山の姿に似ていたので、本名を「丘」、字を「仲尼」とつけたのだといわれている。子供の名前は、子供と関係のある因縁からつけられることが多いので、この命名は不自然ではない。

なお孔子の出生については、不思議な伝説がある。それは、孔子の母が尼丘山に登って子授けを神に祈ったところ、たちまち黒色の龍が現れ、その精に感じて妊娠したという伝説や、また母が天上の神と通じて孔子を懐妊した、という伝説である。すなわち孔子は普通の子ではない、特別な子供だったというわけである。

中国には、王朝の開祖や、すぐれた聖天子は、特別の生まれ方をしたのだという、いわゆる「感生帝《かんせいてい》」の伝説がある。孔子の場合も、後世、漢の時代になって、孔子を神格化するために感生帝伝説にならって、聖人伝説として美化したものと思われる。

では、孔子はどのような家庭に生まれたのであろうか。

父の名前は叔梁紇《しゆくりようこつ》といった。

母の名前は顔徴在《がんちようざい》である。

父の叔梁紇は武官であり、その先祖は宋《そう》の国の貴族であったという。が、宋に内乱があったので、魯の国へ移ってきた。宋という国は、周王朝に滅ぼされた殷《いん》王朝の人々が作った国であり、したがって、孔子も殷王朝の流れを汲む貴族の後裔ということになる。

しかし、この祖先に関する説には多分に美化されたところがあり、孔子の出生の感生帝伝説のように、後世になって脚色されたきらいがある。というのは、父の叔梁紇は実際は農民上がりの、下級武士のようであった。しかし、武士として赫々たる戦功をあげ、その武勇の誉れは鳴りひびいていた。

それを物語るのに、次のようなエピソードがある。

魯の襄公《じょうこう》の十年（前五六三）に、魯の北部の連合軍が、南の楚《そ》に対抗して、偪陽《ふくよう》という城を攻めたことがあった。城はなかなか落ちなかった。しかし、やっと連合軍は城内へ攻め込むことができた。しかし、敵が仕掛けた仕掛戸が落とされ、城内にとじこめられてしまい、城内から脱出できないという、危険な事態に陥ってしまったのである。

するとー人の武士が現れて、城門の仕掛戸をこじあけると、ぐっと両手で持ち上げ、閉じこめられた連合軍の兵士たちを、無事、城外に逃がしてやった。これが孔子の父の叔梁紇であり、叔梁紇は沈着剛胆にして、驚くべき腕力の持ち主、武勇の士だったのである。

また、それから七年後の襄公十七年、すなわち孔子が生まれる四年前、北方の大国である斉《せい》の国の軍隊が魯の国に攻めこんできて、防《ぼう》の町を包囲した。魯の国では援軍を出して救助しようとしたが、思うにまかせなかった。すると、その中にいた孔子の父の叔梁紇は三百の武装兵をひきいて、夜陰にまぎれて斉軍の包囲を突破すると、防の町を救出した。すぐれた武人としての叔梁紇の素質は、ここでも遺憾なく発揮されたわけで、この軍功が認められて隊長になっている。

すなわち、孔子の父の叔梁紇は、身分の高い貴族の後裔というよりも、下級武士から身を起こして、その実力によってひとかどの隊長に出世したというのが、事実のようである。

母の顔徴在は『儒《じゅ》』とよばれる家系に育った女性である。すなわち葬祭を生業《なりわい》とする、祈禱師の家系である。したがって、尼丘山には巫祠《ふし》があり、おそらく顔徴在は、そこの巫《み》女《こ》だったのではなかろうか。顔徴在が尼丘山で「子供を授けてください」と祈ったのも、この尼丘山の巫女の仕事の中でのことだったのかもしれないのである。

さて、父の叔梁紇と母の顔徴在の結びつきは、「史記」によると、

（二人は野合して孔子を生んだ）

と記されている。野合の意味については諸説あるが、要は、

（正式な結婚によるものではない）

ということである。しかし、具体的なことはわかっていない。とにかく（まともな出生でなかった）ことはたしかである。

神に仕える巫女がひそかに男としのび逢い、その結果懐妊した。だから孔子の出産があまり祝福を受けたものではなかったという事情が、この辺に隠されているのかもしれなかった。

なお、孔子の字（通称）の仲尼の「仲」という言葉は、兄弟の順番を示す言葉である。当時の中国では、兄弟の順番を上から、伯、仲、叔、季、と呼んだ（この言葉の使い方が

現在でも、両親の年上の兄姉を伯父、伯母、年下の弟妹を叔父、叔母と呼ぶ習慣として残っている)。

したがって、この言葉の使い方から推測すると、孔子は次男ということになり、兄がいたわけである。異母兄であり、名前を孟皮《もうひ》といったという。しかし、その兄も妾の子で、足が不自由であったという。

孔子の父は、すでに妻との間に九人の子供を持っていたが、多くは女子であった。そこで、足が不自由な兄に代わって、身体が健全な男子が一人ほしいということで、若い顔徴在と野合して、孔子を生んだのではなかろうか。

だから、顔徴在が尼丘山に「どうか子供を授けてください」と祈ったのも、
(どうか男の子が生まれますように)
と男子の出産を祈ったのかもしれなかった。

したがって孔子が生まれたとき、父の叔梁紇はもうかなりの年齢(六十歳以上)になっていたと推定される。

こうして孔子は、今から二千五百五十年ほど前に中国に生まれたのであるが、奇《く》しくも

この頃には、世界各地で孔子と並ぶ聖人が生まれている。世に、世界の四大聖人として、釈迦《しゃか》、キリスト、孔子、ソクラテスの四人の名前があげられているが、このうち三人は、ほぼこの前後に生まれている。

孔子の生まれる十五年前に、インドでは釈迦が生まれており、孔子の死後十年目に、ギリシャのソクラテスが生まれている。そして、時代はやや下るが、孔子が死んで約五百年後に、キリストが生まれている。

それのみならず、この紀元前六世紀から紀元前四世紀にかけては、後世に影響を与えた思想家や学者が、これらの地域でたくさん生まれている。老子もその一人である。

これは果たして偶然なのであろうか。それとも人類の知能成長がその時に一挙に噴出した、人類歴史の、ある必然かもしれないのである。ちなみにこれらに共通しているのは、青銅器時代が終わって、鉄器時代が始まった頃という点である。

第二章　幼少時代と生い立ち

(一)

孔子の出生の事情は以上のようであった。そのため孔子は、父の家(孔家)へ引き取られたが、母の顔徴在は孔家へ入ることができなかった。すなわち、孔子と母とは別々に住んでいたことになる。母はおそらく、孔子の誕生を祈った尼丘山の近くで、別居していたのだろうと思われる。

父の叔梁紇は、孔子が三歳のとき死亡してしまった。孔子は幼くして父を亡くしたわけで、逆にいえば、叔梁紇はそのような高齢になってから孔子をもうけたことになるわけである。

母は世間をはばかって、孔子が大きくなってからも、父の墓を知らせなかったという。したがって孔子は長い間、父の墓所がどこにあるのか知らなかった。

しかし、よく考えてみると、母が孔子に墓の場所を教えなかったのではなく、母は夫（叔梁紇）の葬儀に参列することができなかったので、教えたくても、墓の場所を知らなかったのではなかったかと思われる。

神に仕える巫女が、ひそかに妻子のある男と忍び会い、その結果懐妊して生まれたのが孔子である。だから孔子の幼少時代があまり恵まれたものでなかったことは事実であろう。孔家の中においても、孔子は孤立していた。幼い頃の孔子は、あまり友達もなく、遊ぶのにも一人で食器を並べて、祭祀の儀式のまねをして遊んでいたという。

これは孔家が、宗教的雰囲気の濃い殷王朝の後身である宋国出身であり、そのため、系統的に宗教者であったという家の雰囲気がそうさせたのであろうが、同時に、葬祭を生業《なりわい》とする祈禱師の母方の家業を、見よう見まねで、遊んでいたのではないかとも思われる。孔子は出生のゆえに、家族からも、近隣からも孤立して、一人遊びをしなければならなかったのである。

孔子の幼少時代を一口で言えば、父のいない継母のもとで、足の不自由な異母兄や、大勢の異母姉たちと一緒の、家庭的にも恵まれず、貧しく、艱難に満ちた幼少期だったのである。

だから孔子は、成長して少年になり、青年になると、食べていくためには何でもしなければならなかった。孔子はいつもどんな農事にも精を出し、ときには母方の親族が従事している葬儀などを手伝うこともあったであろう。そのため孔子は後年になって、

（わたしの若いときは身分が低かった。だから、つまらない仕事もいろいろやったので、大人になった今でも、つまらないと思われるような事もいろいろと出来るのだ）

と言っているのである。

そんなところから、幼い頃は祭祀のまねをして遊んだというエピソードも、生まれたのであろう。

しかし、そうした仕事の中から、孔子は子供ながらに仁義礼の優美に魅せられ、音楽や衣裳、器物の雅びな雰囲気に、次第に惹かれていくのであった。それが同時に、孔子が将来もつ『礼』の徳や、音曲の教養の、原点、基礎ともなったのではないかと思われる。

孔子は強靱な身体と、明晰な頭脳とを、両方あわせて持っていた。

身長は六尺三寸（百九十センチメートル）と巨大であり、また容貌は異相であったという。すなわち、のっぺりとした美男子ではなく、いかつい顔をしていた。聖人と称される

から、白鬚を長々と生やした清浄な老人をイメージしがちであるが、孔子はそうではなく、エネルギッシュな巨漢だったのである。日本でいえば西郷隆盛とか、二宮金次郎のような人だったのではなかろうか。

孔子が巨漢で、腕力に秀でていたという一つのエピソードがある。ある時、国都である魯城の、重い角材で作った国門の閂《かんぬき》を、孔子は一人で持ち上げたと言われている。力持ちで有名だった父の体力を受け継いだのであろう。貧しかった孔子にとって、その体力は貴重であった。どんな力仕事でも引き受けて働いた。しかし孔子は、

（力をもって聞こゆるを肯《がえ》んぜず）

と、力仕事だけで評価されるだけで満足しなかった。精神の世界でも活躍しようと、文人として世に立つことを決心していた。

それは、孔子が頭脳明晰である上に、性格は穏やかで、慎しみ深く、かつ控えめな人柄であり、酒は好きで飲んだが、決して乱れないという、立派な文人として世に立てる資質を持っていたからである。

文字を読める人間が少ない当時において、孔子は早くから文字を読むことができた。教えたのは、母方の叔父や祖父だったのであろう。葬祭には、死者を弔う弔詞や、礼式の伝

承が不可欠であり、それらを記した文字は、職業の知識として必要だったからである。

孔子が晩年に、

（われ十有五にして学に志す）

と述懐しているのは、ちょうどこの頃のことを言っているのであろう。すなわち孔子は十五歳の頃に、すでに人生の進路について、

（正しい文化の伝承者として、学問の道一筋に進んでいこう）

と決心したのである。

さてこの頃、孔子は別居していた母を、孔家の家か、あるいは孔家のすぐ近くに、呼び寄せたと思われる。

だが、そうした孔子にも不幸がやってきた。孔子が十七歳のとき、母が死亡したのである（『史記』の記載から推定）。孔子は父も母も失ったのである。

しかし、母は公式には孔家とは姻戚関係にない人間である。だから孔家から公式に葬儀を出すことができなかった。

一般に葬儀は、遺体を棺に収めて安置して祭る「殯《かりもがり》」をまず行い、このあと一定の日数

を置いて、遺体を墓地に葬るのである。この殯は家で行うのが普通であるが、孔子の母は、それを家で行うことができなかった。そこでやむをえず孔子は母の殯を、孔家とは関係のない、共同殯儀所のようなところで行ったのである。

さて、葬儀が終わって母の遺体を墓に葬ることになった。親孝行な孔子は、母をせめて父の墓へいっしょに葬ってやろうと思った。しかし、孔子は父の墓を知らなかった。それはかつて父の葬儀に参列できなかった母が、父の墓を知らず、したがって、それを孔子に教えられなかったからであった。

しかし、陬《すう》の邑《むら》の人が、父の墓の所在を教えてくれた。父の墓は、陬の邑から二十七、八キロメートルほど離れた防山というところにあり、孔子は母をそこに合葬することができた。

孔子は、こうして父も母もいなくなった。しかし、孔子は何人かの家族をかかえて、なんとしてでも生きていかねばならなかった。

その頃になると、継母もすでに死亡していたかもしれないが、異母兄姉が何人かいた。孔子は次男であったが、異母兄は足が不自由であったので、孔子が孔家の中心となって働き、家族を養わねばならぬ立場にあった。

陬《すう》の邑《むら》は、小さな邑里《むらざと》である。異相で、身体が大きく、力が強い働き者、その上、文字を知っていて勉学に励む若者、これは陬の邑だけではなく、近所の邑々にも評判になったことであろう。

そのけなげな少年にたいして、村人は親切にしてやったものと思われる。後年、孔子が「里は仁なるを美《よ》しとす」（村里は愛情深いのがよい）と言っているが、それはこの辺の事情を物語っているのであろう。

（二）

孔子が成長するにしたがって仕事量もふえていき、生活も少しずつ楽になっていった。しかし、まだまだその日々は苦闘の中にあり、将来の見通しが明るくなったわけではなかった。

しかし孔子は、そのまま社会の底辺に沈んでしまうような若者ではなかった。その運命に敢然と立ち向かった。すなわち勉学に励んだのである。

当時の中国では、優秀な平民や、没落した貴族の中で、「士大夫《したいふ》」という階級が抬頭しはじめていた。「士大夫」とは、貴族に必要だった「礼」「楽」「射」「御」「書」「数」などの、教養や知識、すなわち六芸《りくげい》をもって仕事をし、俸禄《ほうろく》を得る者のことである。ちなみに六芸というのは、

礼（礼儀、人間生活のきまり）
楽（音楽、雅楽）
射（弓を射る）
御（馬を馭す）
書（字を書く）
数（物を数える）

という、六つの教養のことである。

そして、この六芸に熟達していなければ、社会の中枢の職業につけなかった。すなわち、六芸は当時のエリート士大夫の、条件だったのである。現在でいえば、法律や医学の資格を持った専門職や、企業コンサルタント、政治家の政策秘書のような者といえばよかろうか。

貧窮の中で成長してきた孔子にとって、力仕事をしていただけでは、いつまでたっても、

うだつは上がらなかった。その貧窮から脱出する唯一の方法は、士大夫になることである。孔子が一生懸命に勉強して、六芸を武器に、士大夫として世に出ようと考えたのは当然であった。

士大夫は家柄に関係のない、唯一の実力主義の世界である。社会の底辺にある者が、唯一、世に出られる手段である。孔子は苦しい仕事に耐えながら、懸命に学び、やがて高級役人として登用される夢を描く、いわば苦学生という生活を送ったのである。

では、孔子はどのようにして学んだのであろうか。

孔子の家庭環境、教育環境は、貴族の子弟のように恵まれたものではなかった。そこで孔子は、貧しい境遇の中で働きながら、一人で一生懸命に勉強し、儀礼や文化にくわしい人間がいると聞けば、あちこちと精力的に教えを受けに行った。すなわち、孔子は物を知っている人ならば誰からでも学んだのであり、とくに決まった師というものはなかったといっていい。

孔子自身も後年に、

（わたしは、なるべく多くの人の意見に耳を傾け、その中から、これぞというものを採用し、つねに見聞をひろげて、それを記憶にとどめるようにした）

と述べている。

その一例が、昭公十七年、孔子が二十八歳のときである。南方の小国に住む郯子《たんし》という者が魯の国へやってきて、歓迎会の席上でその博識を披露し、人々を驚かせたことがあった。すると孔子はそれを聞き、さっそく郯子の宿をたずねて、くわしく故事について教えを受けたという。機会さえあれば、すぐそれを利用して勉学する、青年孔子の様子がうかがえるエピソードである。

またある時、孔子が、魯の国の初代の君主であった周公旦を祭った大廟に入って、祭りの仕事の手伝いをしていたことがあった。その時、孔子は一つ一つ仕事をするたびに、廟内の作法について、

「これはどうするのですか」

と聞いていた。それを見ていたある人が、

「なんだい、あの叔梁紇の家の小倅《せがれ》め、礼をよく知っているといわれているが、評判ほどでもない。一つ一つ聞いている。なにも知らないいじゃないか」

と軽蔑したように言った。すると孔子は、

「一つ一つ聞くことが礼なのです」

と言ったという。孔子としては、

（この大廟の中の作法など、わたしは全部知っている。しかし、知ったかぶりをして、どんどん仕事を進めるのではなくて、一つ一つ聞いて進めるのが世の中の礼というものなのだ。そういうことが、あの人には少しもわかっていないのだ）

ということを、言いたかったのである。それに物事というものは、自分は知っているつもりでも、万が一つにも知らないことがある。また、万が一にも、間違ったことがあるかもしれない。それを一つ一つ聞くことによって確かめていこうとする、孔子の謙虚な向学心の現れでもあったのである。

孔子にとっては、机に向かって典籍を読むだけが勉学ではなくて、あらゆる事象、あらゆる場所が、勉学の場であったのである。

なお、孔子がこのように学問の道を志したのには、孔子の生まれた魯の国の、文化風土に深い関係があると思われる。

魯の国は、政治的には不安定な弱い国にすぎなかったが、もともと周の王室から分かれた、周の文化を色濃く伝える、由緒正しい国柄であった。

孔子は周の文化を「郁郁乎《いくいくこ》とした文」とほめたたえ、「吾れは周に従わん」と宣言している。周の文化の創設者で、また魯の国建国の祖でもあった周公旦を、孔子は終生の理想とし、聖人としてあこがれていた。

孔子はそのような魯の国の風土の中で、生まれ、育ったのである。だから孔子が「学に志す」という「学」というのは、ただ一般的な意味での学問の道に精進するといったものではなくて、もっと明確な意味を持っていた。それは、孔子が生涯敬愛してやまなかった聖人周公旦が説いた教えを、学ぶことであった。

周公旦は、周の国を作った武王の弟にあたる人物であり、周の国の文化の基礎を築いた人である。

孔子はこの周公旦が説いた道、すなわち、

人と人との関係（仁）、

家族間の情愛（孝と悌）、

社会の秩序（礼）、

などの、人間が生きていく上に大切なことを、学ぼうとしたのである。この周公旦の精神を復活させることが、孔子の生涯を貫く念願だったのである。孔子は天才に特有な鋭い感覚によって、若いうちから母国の風土の中に、その理想を嗅《か》ぎ当てていたのである。
「学に志す」という決意は、そこから生まれたものだったのであろう。

第三章　仕事と学問

孔子は、いつまでも母の死を嘆き悲しんでばかりはいられなかった。なんとか自分の学問を武器にして、世の中へ出ていかなくてはならなかったからである。

すると、十七歳の孔子の前に、千載一遇ともいえる絶好のチャンスがやってきた。魯の国で一番の権力者である季孫氏《きそんし》が、人材登用のために宴を開いて、士人を招いたのである。

その頃の魯の国は、「三桓《さんかん》」と呼ばれる、

孟孫氏《もうそんし》
叔孫氏《しゅくそんし》
季孫氏《きそんし》

といった三家によって、権勢が独占されていた。三家とも、魯の桓公《かんこう》の子から派生した家柄であるので、三桓と呼ばれ、権勢をほしいままにしていた。

三家は互いに勢力の拡張を競いあっていたが、勢力拡大のために人材をたえず集める必要があった。その中でも一番勢力の強かったのが季孫氏で、

（魯国はイコール季孫氏だ）

といわれるほどの権勢をふるっていた。その季孫氏が人材を募集するために、魯の国の「士」を招いて宴を開いたのである。

この頃になると、孔子の学問もそろそろ評判になりはじめていた。もちろんまだ「士」などではなかったが、孔子も「士」の一人として招待を受けたのだった。

孔子は、よろこび勇んで出掛けていった。

だが、行ってみると、受付係をしていた季孫氏の家老の陽虎《ようこ》から、

「今日の季孫氏の宴は、『士』というお歴々をお招きしているのだ。お前のような小僧っ子に用はないのだ」

とののしられ、追い返されてしまった。

孔子は、これまでにもいろいろな祭祀を手伝ったりしてきたが、そのとき厭味を言われ

たり、また「貧しい出のくせに生意気だ」などと、嫌がらせを受けたことがあった。孔子にとって新しい人生のスタートになる重要な宴で、またしても、その嫌がらせを受けてしまったのである。

仕方なく、孔子はだまって引き下がるよりほかなかった。これが、孔子にとって生涯宿命のライバルとなる陽虎との出会いであった。

この時の屈辱は孔子の中に、終生忘れえぬ記憶として残った。孔子の人生のスタートともなるべき時に、このような屈辱的な挫折に出会ったのである。貧しく身分は低くても、自信を持って青春の野望にもえていた孔子が、小僧っ子と呼ばれ、分限をわきまえよと追い返された屈辱は、生涯孔子の中に陽虎への憎悪となって残った。しかし、この怨みをはらし、世の中を見返してやろうとする思いが情熱となって燃え、孔子を発憤させるのだった。

こうした紆余曲折を経ながらも、孔子は次第に公私ともに充実を遂げて行く。

まず家庭的な面でいえば、十九歳のときに結婚した。相手は宋国出身の幵官《べんかん》氏の娘であった。そして翌年、男の子が生まれ、鯉《り》と名づけた。

仕事の面では二十代の後半のころ、孔子は委吏《いり》という、穀物倉《こくもつぐら》を管理する村役人に採用された。当時としては得がたい仕事で、孔子の読み書きの知識が認められたためであり、孔子は穀物倉の出納事務を正確に行った。

その仕事の業績が評価され、やがて孔子は、司職吏《ししょくり》に栄転した。司職吏というのは、牛馬を飼育する役である。いわゆる牧場を管理する役人になったのである。動かない穀物相手の倉庫番より、家畜相手の飼育係の方が難しい仕事であるから、この職種の変更は、職務が昇進したことを物語っている。孔子はこの仕事にも一生懸命励んだので、孔子の牧場の家畜は、よく肥えていたという。

しかし、たとえ司職吏に昇進したといっても、職種は依然として下級役人であるから、六芸を必要とする上級役人ではない。いくら頑張ってみても、これ以上の出世の途は孔子にはないのだった。

一般に当時の中国の制度では、下級役人といえども、村役人になればそれでもう一生食いはぐれのない、立派な出世なのだった。貧しい下層階級からの出身者には、それはそれで満足すべきポストであった。

しかし、孔子はこの程度の役職には甘んずることができなかった。孔子としては、なんとしてでも下級役人から上級役人へ、よじ登る途を探さなくてはならなかった。　権門の子弟なら容易に上級役人になれたが、庶民出身の者でも、実力次第では抜擢される可能性があったからである。

孔子は学問の力によって、末端の行政官から、国政の中枢へ進む途を目ざしたのである。そのためには、何が何でも勉強しなくてはならなかった。生来学問好きの孔子には、それが向いていたといえよう。後世、孔子は、

（私のように勉学を好む者はいないであろう）

と、自分の学問好きを自認している。

だから孔子は、仕事のかたわら、苦労をいとわず勉学に励んだ。

このように青年時代の小役人の仕事をしながらの勉学は、その後の孔子自身の人間形成や、深く幅広い人間学の成立に、有益だったのである。

第四章　学問への道と私塾開設

勉学するといっても、孔子にはとくに親しく師事する師がいたわけではなかった。と言っても、遠くから心の中で、師と仰ぐ人物はいた。建国時代の周の文化を築いた周《しゅう》公旦《こうたん》（武王の弟）と、鄭《てい》国の子産《しさん》であった（子産は孔子が三十歳の頃、この世を去った名宰相で、民の意見に熱心に耳を傾けた政治家であった）。

若き孔子は、これら昔の賢人たちの言行を記憶し、復習し、思索して、体得した。その勉学の熱心さはおそろしいほどで、賢人の言動にふれて感動し、夢中になって寝食を忘れるほどであった。

そのため、孔子は村役人として働くかたわら、次第にその学識が魯の国で評判になっていった。

孔子の学問は、政治への道の学問である。すなわち「士」になるための学問である。「士」になるためには、礼、楽、射、御、書、数の学問が必要であるが、孔子はその学問を着々と身につけていった。

すると世の中には、孔子と同じように「士」になるための学問を身につけて、世の中に出ようとする人間が大勢いた。その人々が孔子の学識の深さを聞いて、遠い各地から、教えを乞いに次第に孔子のまわりに集まるようになってきた。

そこで孔子は、思いきって勤めていた村役人の仕事をやめて、学問を教える塾を開くことにした。中国史上、はじめての私塾であり、それを魯の都、曲阜の一隅に開いたのである。

当時、名門の子弟は公立の郷校《きょうこう》へ行って勉学していた。しかし、貧しい人々は郷校へは行けず、勉学の道が閉ざされていた。だが郷校へ行けない人々の中にも、向学に燃える人々が大勢いた。そういう人々が、孔子の私塾へ集まってきたのである。

孔子がこのように弟子を集めて教育をはじめたのは、三十歳前後の頃かと思われる。論語の中に、

（三十にして立つ）

という孔子の言葉がある。三十歳で自分の立場が出来たといっているのであるが、それはこの辺の事情のことを言っているのではあるまいか。三十歳の孔子が、みなぎる自信をもって世に出ようとする意欲を表した言葉である。

子路《しろ》とか、顔路《がんろ》、曽点、曽晳《そうせき》、秦商などという、初期の弟子たちが集まったのは、この時である。

顔路というのは、後年に孔子の第一の高弟となった顔回《がんかい》の父である。

が、初期の弟子の中で、特筆すべきは子路であった。

子路は孔子よりも九歳若く、武勇を好む、粗野で気の荒い青年だった。まるで任侠の世界にいたかと思える乱暴者であり、最初は、孔子の塾を武道塾とでもまちがえたのか、孔子のところへ来るのに、鶏の羽をつけた冠をかぶり、豚の皮で飾った剣を付けるという異様な格好で、乗りこんできた。そして、

「音楽よりも剣術が好きだ」

と、うそぶいていた。今でいえば、まるで暴走族の出《い》で立ちとでもいえばよかろうか。

おそらく子路は、孔子のところへ弟子入りするというよりも、「礼」とか「楽」などという軟弱なもので荒廃する国を救おうとする、孔子のやり方を批判し、脅かし、懲らしめて

やろうと思って、やってきたのにちがいなかった。

ところが、子路の思惑は、見事に外れてしまったのである。

というのは、まず子路は、孔子の百九十センチメートルもある巨大な身体と、そこから発散する精気に、すっかり圧倒されてしまった。さらに孔子から、文化や知識の重要さをさとされて、孔子の深い学識に心服して、ついに弟子入りしてしまったのである。

この時以来、子路は忠実な弟子に変身し、政事軍事に力のある力強い弟子として孔子を支え、生涯、孔子と苦労を共にする筆頭弟子となるのだった。もし、孔子を悪く言う者があれば、子路は腕力で脅す用心棒の役目も果たした。だから孔子は、

「子路が弟子になってからは、わたしの悪口を言う者がいなくなった」

と、にが笑いしながら語ったということである。

言ってみれば、子路のような人間でさえ心服させてしまう力を、すでにこの時の孔子は備えていたということになる。

そのようにしているうちに、有力貴族の子弟の中からも、礼を学ぶために、孔子の塾に入門する者も出てきた。

もちろん貴族の子弟は、公立の郷校へ通っているのであるから、孔子のところへ入門といっても、郷校をやめて転校してくるというのではなかった。郷校で学ぶかたわら、孔子の塾でも学ぶということである。現在でいえば、学校へ行きながら塾へも通うということであろう。しかしこのことは、孔子の学問がそのように注目されるまでに、評価が高まっていたことの証明である。

その貴族の子弟の中で特筆すべきは、魯の国の三桓の一つである孟孫氏の息子が二人、入門してきたことであった。

それは、孟孫氏の嫡男の懿《い》子と、その弟の南宮敬《なんぐうけい》叔《しゅく》という二人の青年であった。魯の国でもっとも権勢をふるっていた三桓の子弟が、孔子の塾へ入ってきたということは、画期的な出来事だった。いやが上にも、孔子塾の名声が高まったことは、言うまでもない。

この二人の青年の孔子塾への弟子入りは、孟孫氏の当主である僖子《きし》の遺言によるものだった。僖子は死の間際に、

「聖人の子孫は、たとえ不遇をかこっていても、必ず一かどの人物になると言われている。孔子は聖人の末裔であり、『礼』を好んでいる。必ず一かどの人物になるにちがいないから、私が死んだら、行って師事しなさい」

と言い残したのである。僖子はずっと以前から孔子を、

（礼によく通じた人物）

として、目をつけていたからである。

というのは、僖子は昭公七年、まだ孔子が二十歳のころ、昭公のお伴をして楚の国へ出掛けたことがあった。そのとき、鄭の国と楚の国で、僖子が礼を十分わきまえなかったので、主君昭公への務めが、うまく果たせなかった。それで僖子は、

（礼というものの必要性）

を痛切に感じたのである。帰国後、礼の勉強を始めたのであるが、その時、

（孔子という男がいる。彼は若いけれども礼をよく知っている）

ということを知った。それで子供たちへ、

（孔子のところへ入門しなさい）

と遺言したのである。

おそらく二人の子供は、まだ十代の青年だったであろうが、すなおに父の遺言にしたがって、孔子を師と仰いだのである。

こうして、名家の御曹司を弟子に抱えることによって、孔子は世間的に認められ、名声

も一段とあがり、また孟孫氏から財政的にも援助を受けることが出来た。

かつて孔子は、陽虎という男の意地悪によって、三桓の一つである季孫氏の宴に入ることを拒まれ、せっかくの人材登用のチャンスを失してしまった。が、その代わりに、今度は同じ三桓の一つである孟孫氏との結びつきが出来、世へ出る糸口を摑んだわけである。孔子の胸の中で、陽虎への怨みが少しは晴れたのではなかろうか。

なお孔子は後になって、この弟子になった南宮敬叔の力によって、周の都である洛陽《らくよう》へ遊学して、見聞をひろめることが出来た。そして、世に名高い老子との会談を果たすことができたのである。

第五章　周の国へ行く

孔子は塾の運営が安定してくると、塾は高弟に任せて、かねてから憧れていた周の国へ、勉学のために留学してみたいと思うようになった。

するとき弟子の南宮敬叔が、魯の君主へ、

「師の孔子といっしょに、周の国へ留学してみたいのです」

と申し出てくれたのである。

南宮敬叔は三桓の一つの孟孫氏の御曹司であるから、君主も心よくこれを許してくれた。そして馬や馬車、それに小間使いまで与えてくれて、孔子・南宮敬叔たち一行を、周に送り出してくれた。孔子が三十代半ばの頃であった。

その頃の周の国はすでに勢力が衰えて、周の都の洛陽には、かつての繁栄の面影はなかった。

というのは周王が実権を失い、周王朝の権威が衰えていたからである。孔子が目にした、憧れていた周王朝の現実は、政治的には悲惨で、浅ましいものであった。

当時の周の王は景王《けいおう》といったが、そのような情勢の中で皇太子が死去した。すると側室の子供を皇太子にしようという思惑から、後継者問題で混乱し、周王朝衰微にさらに拍車をかけたのであった。

しかし、王朝は衰微したが、周の都の洛陽は依然として周文化の中心であり、古い歴史のある周文化の集積は、洛陽に反映していた。孔子は周王朝には幻滅したけれども、周の文化には傾倒し、その崇敬さと、永遠性とを、見出すことができた。

すなわち今でも洛陽は、儀礼や音楽など、文化や歴史、社会制度などの資料が集まっている場所であり、孔子がかねがね夢見ていた周公旦の遺した文化を、十分学ぶことが出来たのである。すばらしい学問的収穫を得た孔子のよろこびは、大きかった。

そこで、孔子は思ったのである。

(周王朝の現実の政治はもう駄目であるが、しかし、伝統的な周王朝の文化は、国家儀礼、社会儀礼として厳然と生きて続いている。自分がこの貴重な周の伝統的文化を受けつぎ、

これを持ち帰って魯の国にひろめよう)

と決意を固めたのである。

かつて周の文化を魯の国へひろめたのは、魯の国の開祖である周公旦である。だから孔子の中で、周公旦への崇敬の念がますます高まっていくのだった。そして孔子の中に、

(周文化―魯国―儒教)

という新しい思想構想の発想が、芽生えたのである。その中味は、

(詩書礼楽)

であり、

(この思想によって、自分こそ魯の国政へ参与できるのだ)

という、ゆるぎない自信と、希望が、孔子の胸の中に、燃え上がっていくのだった。

さて、『史記《しき》』孔子世家によると、孔子はこの周の都洛陽で、老子と会見するのである。

老子は王立図書館の館長をしていたといわれる。

老子は老荘思想・道家《どうけ》の祖で、「老子」を著したといわれる人物で、孔子とともに、現代に至るまで、世界の思想史に大きな影響を与えている人物である。

老子は、「礼」に関する知識をいろいろ孔子に教えた後、別れる時に、次のように言ったという。

「地位や金のある人は、餞別に金品を贈り、仁を旨とする人は、餞別として言葉を贈るというが、私は地位も金もないので、仁にあやかって、餞別として言葉を贈りましょう」

すなわち餞別の言葉に託して、青年孔子を諫《いさ》めたのである。

「聰明で物事をよく理解しているのに、死ぬような危い目に逢う人がいるが、それは他人をあれこれ非難するのが好きだからである。また博学で広い見識があるのに、自分の身を危くしてしまう人がいるが、それは他人の悪を暴《あば》きたてるからである。人間というものは、あまり自己主張ばかりしてはならない。社会人というものは、我を張らず、私利私欲をすてて、己れを空しくしなくてはならないのです」

すなわち、孔子に、

（おれが、おれがという気持ち）

をなくせと、さとしたのである。

このように老子が説いたのは、老子から見ると、若い孔子はまだ野心と知性にみなぎる青年であり、したがって自信家であるために、自分の学問が世に用いられない不満があり、

それが過激な舌鋒となって世を批判するようになる、そのような青年論客孔子を、

（いつまでもそのようにおごり高ぶっていたのでは、身のためにならない。世に出ることもできませんよ）

と老子は注意したのである。

この老子の諫《いさ》めを聞いて魯の国へ帰った孔子は、弟子たちに次のように話した。

「鳥には飛ぶ力があり、魚には泳ぐ力があり、獣には走る力がある。だから飛ぶ鳥は矢で、泳ぐ魚は釣り糸で、走る獣なら網で捕えることができる。しかし、周の国で会った老子という人物は、鳥でも、魚でも、獣でもなく、まるで竜のような人物である。竜は風雲に乗って、天に昇ってしまう。矢でも、釣り糸でも、網でも捕えることができない。さすがの私も、どうすることもできなかった」

と脱帽したということであった。

おそらく孔子は、老子に会うまでは、

（いくら天下に名高い老子でも、自分が論旨鋭く説けば、かならず説得できる）

と思っていたのにちがいない。しかし、それができなかった。できないばかりか、

（他人や世の中ばかりを批判していても駄目ですよ。我を張ってないで、もう少し大人に

なりなさい）

と、さとされてしまったのである。だが孔子はそのいましめを、

（老子はまるで竜のように偉大な人だ）

とすなおに受け入れて、さらに自己精進の糧として身につけていくのだった。

老子はその存在自体が謎に包まれた人物である上に、老子と孔子の会見については『史記』においても、

（けだし老子を見るという）

と、その可能性を示唆する表現にとどまっていて、会見の有無はさだかではない。

しかし、老子と孔子という東洋を代表する二大思想家の会見は、二人の聖人の特徴を端的に表わしているエピソードといえよう。

孔子が周で学んだ礼楽は、これまでの孔子が学んだものよりも、上位の国政レベルの礼楽であった。それは歴史と伝統に培《つちか》われた最高の文化であり、それを受けついだ孔子の喜びは、誇らしいものであった。孔子はさらに弟子たちを教える情熱に燃えるのだった。

こうして孔子は、周の国での遊学を終えて、祖国の魯の国へ帰ってきたのであるが、そ

の頃になると孔子塾へは、さらに多くの弟子が集まるようになってきた。

まず特筆すべきは顔回である。顔回は、父の顔路がすでに孔子の弟子になっていたので、その関係から弟子入りしたのかもしれなかった。すなわち顔路、顔回は、親子がそろって弟子入りしたわけである。ということは、顔回は孔子よりも三十歳も年下だったから、顔回が入門したときは、まだ五、六歳の子供にすぎなかった。したがって弟子になったというよりも、父の顔路が孔子塾へ勉学にくるときに、いっしょに子供の顔回もつれてきた、というようなものだったのではなかろうか。

しかし、顔回は成長するにしたがって、その天性の才能を発揮し、弟子の中ではもっとも孔子の教えを極めたといわれるようになり、孔子が自分の学問の後継ぎとして期待するような人物に成長するのである。

また商才にたけ、孔子塾へ財政面での貢献が高かった子貢《しこう》が弟子入りしたのも、この時である。子貢も、孔子よりも三十一歳も若かった。とすると顔回よりもさらに一歳年下であったから、弟子入りしたのは顔回と同じく、五、六歳の少年だった。その財政上の辣腕《らつわん》を発揮したのは、もちろん成人した後のことである。

さらにこの他にも、仲弓《ちゅうきゅう》、宰予《さいよ》、冉有《ぜんゆう》、閔子騫《びんしけん》、などという後の高弟なども集まり、孔子の塾は次第に賑わいはじめていった。

こうして孔子のもとには大勢の弟子が集まり、孔子は有名になり、政治家として登用される日を待っていた。

しかし、その機会はなかなかやって来なかった。

すると、そんな孔子の思いを吹き飛ばすような事件が、魯の国で勃発したのである。

第六章　中国の国勢

（一）

さてここで、孔子の生きていた頃（今から二千五百年前）の、中国全体の国の組織と、その中での孔子の祖国である魯の国の位置づけ、並びに周辺諸国の様子などを略記する。

中国の古代文化は、堯《ぎょう》、舜《しゅん》、禹《う》の伝説の時代に始まったとされるが、それを継承して発展させたのが、夏《か》、殷《いん》、周《しゅう》の、三代の王朝であった。

孔子の生きた時代は、この周王朝の時代であり、くわしく言えば周王朝の後期である。

周というのは、もともと現在の西安の西の方に興った部族であるが、文王の代に力をつけ、その子の武王の代になると、黄河流域に勢力を張っていた殷族を滅ぼして、周王朝を建てるに至った。それは紀元前一一二二年とされているから、孔子の時代からは六百年も前のことである。

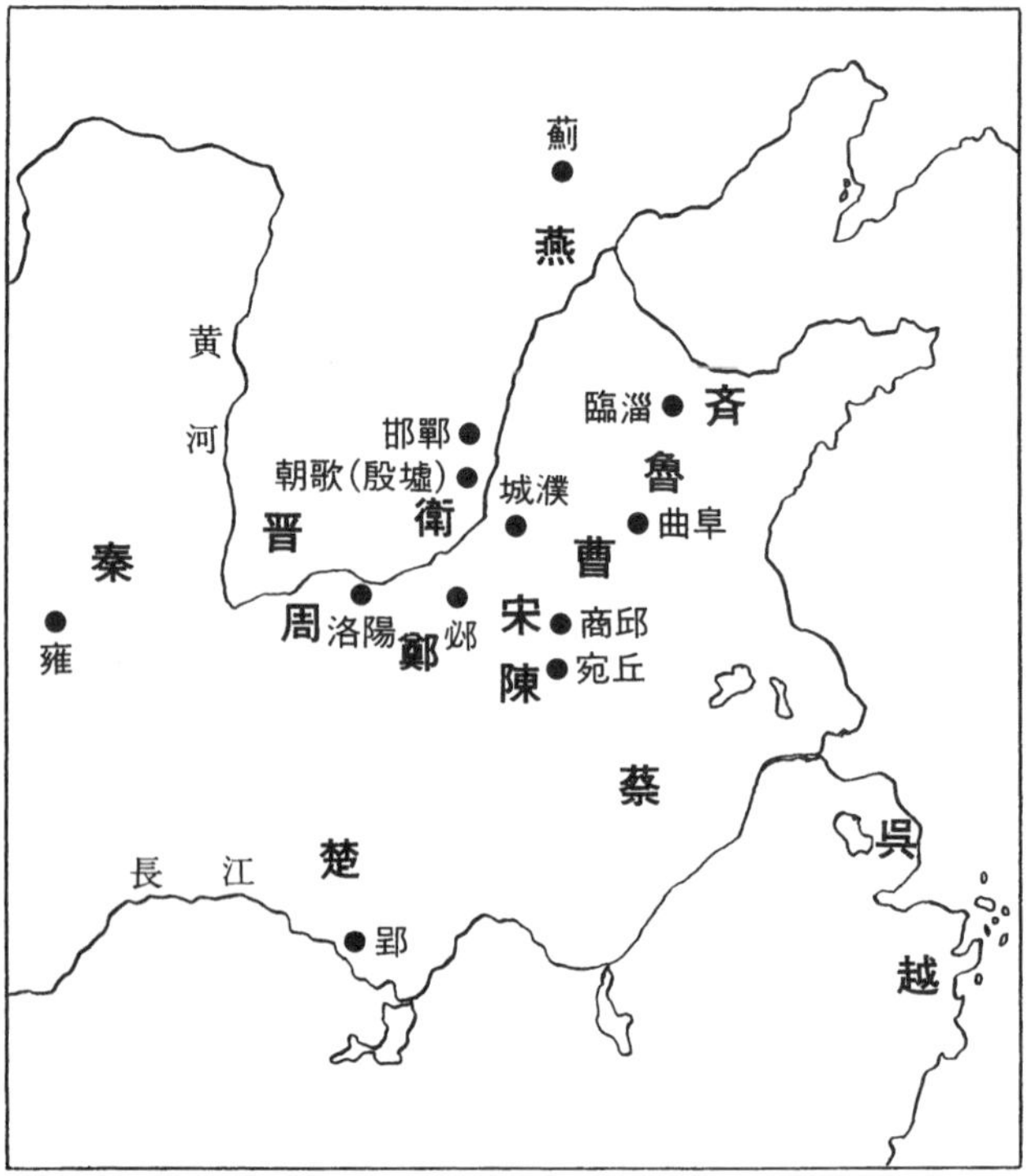

春秋時代の中国。周王朝は存続しているが「仁義ない戦い」の時代であった。

当時ヨーロッパでは、その七十年ほど前にトロイア戦争が起こっている。ギリシャ軍が巨大な木馬の中に兵士を隠してトロイアの城内に潜入して奇襲によって敵を打ち破った、ホメロスの詩に歌われたトロイア戦争である。

創業の武王は志の半ばにして死去したので、その子の成王が跡を継いだ。

武王には周公旦とい

う弟がいた。周公旦はすぐれた哲学者であり、すぐれた軍人、政治家であったが、よく兄の武王を援け、武王が死んだ後は若い成王を補佐して、周王朝の基礎を固めた。殷の神政を脱却して、礼を社会の基調としたのは、この周公旦によってなされたとされている。(周公旦は孔子よりも六百年ほど前の人であるが、孔子が終生尊敬し、聖人として傾倒したのが、この周公旦であった)。

周公旦は若い成王を助けて、殷族の反乱を平定して、黄河流域の東方にまで版図を拡大するとともに、さまざまな改革を行って、国内の政治を整えた。したがって、周王朝の文物制度は、この周公旦によって作られたといわれる。

周王朝は主として中国の北方の黄河を中心として、全国統一に成功した。

そして中国各地を分割し、それぞれの地に一族や建国の功臣を諸侯に封じて、統治させた。そして周王は、天子としてその上に君臨して天下を治めるという、支配体制を固めたのであった。

周王朝建国の頃は、全国に千八百ほどの諸侯がいたといわれているが、周王朝はこれらを整理統合して、七十一国にした。そのうち五十三国は周王朝と同じ姓の一族だった。

しかし、一族でも領土を受けて建国するときは、姓は周王と同じ「姫《き》」であっても、氏としては「晋《しん》」とか「魯」とかの名を名乗った。

孔子の祖国である魯の国も、そのような周王朝の一族の一つだったのである。

しかし、周王は天子といっても、後世の中国の皇帝のような強大な支配力を持っていたわけではなく、諸侯の連合体の上に、比較的力の大きい王として、乗っていたにすぎなかった。

したがって、諸侯はあまり周王の言うことを聞かず、時がたつにつれて、周王は次第に天子としての実質を失い、孔子の頃になると、もう単なる一地方の権力者、いや小国クラスの諸侯の地位へと、なり下がってしまったといってよかった。

それを象徴する出来事が、周王朝十三代目の平王（在位前七七〇～前七二〇年）のときに起こった。都をそれまでの鎬《こう》（現在の西安のあたり）から、東の方向にある洛陽へ移したのである。それは異民族や外敵の侵入が恐ろしく、それを避けるためであった。

周王の力は、異民族の外圧にも耐えられないほど弱ってしまっていたわけで、この辺から、周王は実質的には中国全体を統治する天子ではなく、一地方権力にすぎなくなってしまったのである。

この洛陽への遷都を境にして、それ以前を『西周』、それ以後を『東周』という。そして、この東周の始まりあたりからを春秋時代と呼ぶのであるが、孔子が生きていたのは、春秋時代の中期から後期（前五五一―前四七九）にかけてであった。周王朝の没落にともなって、小数の諸侯が強大になっていく時代の中で、孔子の祖国である魯の国も同じように君主の力が弱まり、下剋上の内紛で苦しむ日々であった。

（二）

では、周と魯とは歴史的にどのような関係にあったのか、その点をくわしく見てみよう。魯の国は前述したように、周王朝成立の時代に建てられた、周王朝一族の系列に属する国である。

周王朝の創立者は武王であり、武王の弟の周公旦が、成王（武王の息子）を補佐して周王朝の基礎を固めたことは前述した。

その周公旦が建国の功績を賞せられて、曲阜に封地をもらったのである。そして魯の氏を名乗り、魯公となったのが、魯の国の始まりであった。創立者（武王）の弟が始めた国であるから、周王朝との関係からいえば、親密な間柄にあり、格式の高い国といってよかった。

しかし、周公旦は、成王の補佐役であり、中央の政庁から離れられないので、封地の魯へ行くことができない。そこで周公旦は、息子の伯禽《はくきん》を魯に行かせた。そして以後、その子孫が魯の君主の座を受けついでいった。

周公旦の次男は都にとどまって、父の職を継ぎ、天子の補佐役となった。そして他の男子は、凡《はん》、蔣《しょう》、邢《けい》、茅《ぼう》、胙《そ》、祭《さい》といった、小さい諸侯となって散っていった。

周公旦は伯禽が魯の国に行くにあたって、次のように言いきかせた。

「わしは文王の子であり、武王の弟であり、いまの成王にとっては叔父にあたる。したがって、諸侯の中では高貴と目される身であるが、そのわたしでさえ、人の訪問を受けたときは、洗髪や食事を中断して会い、礼をおろそかにしないように努めている。しかし、それでもなお至らぬところがありはしないか、またすぐれた人材を逃しはしないかと、気がかりでならないのだ。お前も魯へ行ったら、いかに君主とはいえ、決して驕ったまねをしてはならないぞ」

と『史記』は記述している。しかし、『論語』では若干ちがって、次のように語ったとなっている。

「魯へ行っても、親族をおろそかにしてはならない。また、重臣たちが『おれたちは無視された』というような不満を持つようなことがあってはならない。昔なじみは、よほどのことがないかぎり見捨ててはならない。一人の人間に、あれもこれもと過大な期待をかけてはならない。」

息子に対する適切なアドバイスというべきで、この二つの記録からみても、おのずから周公旦の政治姿勢が浮かび上がってくる。

このような事情から周の成王は、魯の国に対して、特別に、

「文王（武王の父）を祭ること」

を許したのである。これは異例なことである。普通であれば、諸侯は、天子であった人を祖先として祭ることなど、できなかったからである。

さらにそれだけではなく成王は、

（魯の君主が、周公旦を祭るときは、天子に対して行う礼楽の形式をとってもよい）

ということまで許可したという。

魯の国はこのようにして意識の上では、天子に最も近い親戚という感じであり、そのた

め他の諸国よりも、詩、書、礼、楽《がく》の伝統を重んじたのである。孔子の学問に、詩、書、礼、楽が重要な位置をしめているのはこのためである。

このように魯の国の創始者が周公旦であり、かつ周公旦がすぐれた理念を持った政治家であったので、孔子は終生周公旦を敬愛し、周の文化に傾倒し、よく周公旦を夢にまで見た。そしてまた、周公旦への憧憬が、孔子の活力の源でもあった。その周公旦への熱い思いを、孔子は、

「周は二代にかんがみて、郁郁乎《いくいくこ》として文なるかな。われは周に従わん」

と言っている。

周の文化は、夏と殷の二代にわたる伝説を受けついで、生き生きと花開いた、わたしはこの周の文化を継承していきたい——というのである。

もちろん孔子が生きたのは、周公旦よりも六百年も後のことであり、魯の国の君主は、二十四代昭公、二十五代定公、二十六代哀公と、ずっと後世の三代の君主なのであるが、孔子が生涯に目標としたのは、周王朝創立時の周公旦であり、周に流れている文化であったのである。

（三）

こうして孔子の祖国である魯の国は、諸侯の一つといっても、周王朝の分身ともいえる国であった。しかし、孔子の時代はその創立期から六百年近くたった、春秋時代であった。その春秋時代の諸侯の様子はどうであったであろうか。

春秋時代になると諸侯の数は大小あわせて百四十余といわれているが、孔子が活躍した春秋の後期に、実際に歴史を動かしていたのは、次の十四の諸侯であった。

その中で巨大国であったのは、

東に斉《せい》
南に楚《そ》
北に晋《しん》
西に秦《しん》

の四大国であり、それに新興国の、

東南に呉《ご》○

最南に越《えつ》○
の二国を加えた、六国が巨大国であった（東西南は魯の国から見た方角）。
それより力の劣る中級国としては、
魯《ろ》○
衛《えい》○
鄭《てい》○
曹《そう》○
蔡《さい》○
燕《えん》○
宋《そう》○
陳《ちん》○
の八カ国であった（○印は周と一族）。
孔子の祖国の魯は、この中級国の八カ国の中に位置づけられている。
周王朝もこの頃になると、すっかり勢力は衰えて、中国全土に号令する力はなく、十四の有力諸侯が勝手に覇を争う戦乱の時代になっていた。

この辺りの事情を『史記』は次のように記している。

（周王朝は次第に衰微し、諸侯の強者が弱者を併呑するようになった。その中から、やがて、斉、楚、晋、秦が強大となり、政治は覇者によって左右された）

孔子の生きた春秋時代というのは、まさに富国強兵、弱肉強食の覇者の時代だったのである。（そして孔子は、この覇者の時代の各国の君主に『仁政』を説いて廻ったのであるから、その困難が判ろうというものであるが、それは後日の話である）。


さて、そのような諸国情勢の中で、孔子の祖国、魯の国の地理的状況をのべると、魯の国は、現在の山東省の西南部にあたる地域である。

その東北部には、山東半島にかけて、強大な斉の国が控えていた。

西北部は済水《せいすい》（黄河の下流）で境とされて、その向かい側に衛の国があった。

さらに西部は曹の国と接し、西南部は泗水《しすい》という川で区切られて、宋の国に対していた。

さらに問題なのは、衛の国の西部に、強大な晋の国があることだった。東の斉、西の晋と、二つの巨大国に挟まれていた魯の国は、同じような状態にある衛の国や鄭の国と同じように、二つの巨大国の圧力を受け、悲哀をかこっていた。

しかし、魯の国自体の地勢は、東部から東北部にかけての山脈と、西北部、西南部は川で守られており、また山東半島中央部から流れ出た泗水が南へ曲がりこんでいる内側に、国都（今の曲阜）があったので、全体的に丘陵地帯といってよく、地勢的にはいい土地であった。北緯三十六度より少し南で、日本でいえば東京あたりの緯度に位置した。

しかし、この四大強国も春秋時代も後半に入ると、覇者の地位が、西の大国『晋』と、南の大国『楚』に独占されて、この両国が代わる代わる天下に号令する、いわゆる「晋楚争覇」といわれる時代に入ったのである。

これによって一番迷惑したのは、その中原に位置する、魯、宋、衛、鄭などの、弱い国であった。

すなわち西から晋が攻めてくれば、晋に頭を下げて、晋と手を結ぶ。すると今度は南の楚が攻めてくる。そこで楚になびけば、また晋に攻められる、といった工合で、いずれの国も苦しい対応に迫られた。

しかし、こうした状態が百年もつづくと、互いに国力も消耗し、戦にもあきて、晋、楚の両大国も、次第に国としての活力を失っていった。

そして、晋と楚の両国に代わって、台風の眼となって長江以南に興ったのが、新興大国の「呉」と「越」であった。

さてこの当時、諸侯はどのような国作りをしていたのであろうか。

諸侯は政権の所在地である国都に、それぞれ住んでいた。

当時は、この国都や、人口の多い主要な場所は、周囲に土の壁を築き、この壁で囲まれた地域が『城』であった。そして、同時に「城」が「街」であった。

そして君主は、この城内に自分の住む内城を作って住み、また、そこに、祖先の魂を安置する廟を作っていた。

城壁の上にはたえず見張りがいて外敵に備えており、国都の人々はこの城壁によって外敵から守られて、生活していたのである。

諸侯はこうした国都に住み、その周辺の農地を支配し、管理していた。当時の産業といえばほとんど農業であるが、農地はこの城壁の外にあった。だからこの城壁の中に住む農民は、昼間は城壁の外の田畑に行って働き、夜は城壁の中へ戻ってくる、という農業生活をしていたわけである。

国都のほかにも、各地には城壁で囲まれた大小の都市が点在していて、多くの人間がそこに住み、諸侯は国都から、その中小の都市や町に、睨みをきかせていたのである。

この国都のスケールは各国によって異なるが、たとえば天子である周王の城洛陽は、東西が二千四百メートル、南北が三千六百メートルの、長方形であった。

四大強国の一つである斉の国都の臨淄《りんし》は、当時天下にその名を知られた都城であったが、東西、南北、ともにそれぞれ四千メートルの、ほぼ正方形であり、天子の都、洛陽を上廻る壮大さであった。

孔子の祖国である魯の国都は、臨淄の四十パーセントぐらいの規模であった。


では、周王朝時代の身分制度はどのようなものであったのか。それは次のような見事なピラミッド型に整っていた。

天子（周王）—諸侯—卿—大夫—士—庶民

という階級体制であった。

「士」以上が支配階級であり、「庶民」が農民、商工業者などの、一般の人々ということになる。支配階級の中でも、卿と大夫が、いわゆる貴族階級とか重臣層とかいわれるクラスである。「卿」は大臣、「大夫」は高級官僚、「士」は下級官僚に該当するといえばよいであろうか。以上が身分制度の基本型である。

やがて時代が移り、春秋時代になって周王朝の統制がきかなくなると、諸侯同士の争いが激しくなり、諸侯たちは周王朝を支えるよりも、自分の国の増強の方に熱心になった。そのため周の天子の影が薄くなり、それに代わって、実力のある諸侯が覇者となって天下の政治を取りしきるようになった。

それが春秋時代の後半になると、諸侯たちの手にあった権力も、次第に有力な重臣（卿や大夫）に奪われて、諸侯たちが背後に退き、各国とも重臣たちが表に出て、政治を動かすようになった。重臣たちの方が現場に近いため、経済力も軍事力も手に入りやすいからだった。

しかし、権力の乱れはそれにとどまらず、次には重臣の家臣たちもが権力を握るようになっていった。こうして終わりのない下剋上の世へ突入し、これまでの身分制度が大きく崩れていくのであった。

そして更に、支配階級の下層に位置づけられている「士」の中からも、政治の表舞台に登場する者も現れてくるのであった。本篇の主人公である孔子も、そのような『士』の一人なのであった。

第七章　昭公亡命

孔子が周の遊学から帰って間もなくのことである。魯の国にクーデター騒ぎが起こった。孔子が三十五歳のときである。

この頃魯の国の君主は、第二十四代の昭公であった。

そもそも魯の国は、周公旦の息子の伯禽に始まり、君主が、桓公（第十六代）、荘公（第十七代）と継承され、現在の昭公（第二十四代）に受けつがれていた。しかし、現在の昭公は無力で、政治の実権は家老の三桓《さんかん》に奪われてしまっていた。すなわち魯の国においても下剋上が起きていたのである。

三桓とは前述したように、三人の家老、すなわち、孟孫《もうそん》氏、叔孫《しゅくそん》氏、季孫《きそん》氏、のことである。この三人の家老は、いずれも十六代君主桓公の子孫である。すなわち桓公の長男は、十七代君主の座を継いだ荘公であるが、彼の三人の弟、すなわち慶父《けいほ》、叔牙《しゅくが》、季友《きゆう》の三人が、別家を立てて独立し、それぞれ孟孫氏、叔孫氏、季孫氏と、魯国の権門となったのである。桓公の子孫で、桓家からの別家であるので、この三家を三桓《さんかん》と呼ぶようになった。

以後、魯の国の歴史は、君主とこの三桓との、バランス・オブ・パワーの下に統治されていた。

しかし、時がたつにつれて、次第にそのバランスが崩れていった。桓公から今の昭公までの間は、約百五十年になるのであるが、百五十年という長い間に、三桓が次第に勢力を強め、君主をないがしろにして、政治の第一線に立って支配力を振うようになった。さしずめ日本でいえば、徳川将軍家に対する、尾張、紀州、水戸の、御三家の存在とでもいえばよかろうか。

そのために、現在の君主の昭公は、あってなきに等しい状態になってしまっていた。魯の国でも下剋上が次第にエスカレートしていたのである。

そのため君主の昭公は、長い間、権力奪還の機会を狙っていた。

すると、その好機がやってきた。

季孫氏の当主の季平子と、噐氏《こう》という貴族の当主の噐昭伯《こうしょうはく》とが、紛争を起こしたのである。

三桓の中ではこの季孫氏がもっとも勢力が強く、その当主の季平子は宰相の地位にあって国政を牛耳《ぎゅうじ》っていたので、昭公はとくにこの季平子を快く思っていなかった。その季平子が、大夫《たいふ》(魯君の高級家臣)の噐昭伯と争いを起こしたのである。昭公としてはこの機会を逃す手はなかった。

もっとも争いといっても、大した内容のものではなかった。季平子と噐昭伯の屋敷は隣りあっていたので、ある時、その頃貴族の間で流行していた闘鶏をやった。実はそれが問題になったのである。

季平子の方は、自分の鶏に革の鎧《よろい》をつけさせた。そこで噐昭伯の方も対抗策として、自分の鶏の蹴爪《けづめ》に鉄をかぶせた。すると季平子は、この強力な対抗策に、

(季平子への反抗だ)

といって腹を立てた。そして季平子は、自分の屋敷と隣の噐昭伯の土地との境界を侵犯してしまった。すなわち闘鶏が屋敷の領地争いにまで発展してしまったのである。

土地を侵された噐昭伯は怒ったが、しかし、相手が魯の最高権力者とあっては、相手が

悪かった。うっかり手出しが出来ない。

するとき時を同じくしてもう一つ、別のトラブルが発生した。

それは臧昭伯《ぞうしょうはく》という貴族の従弟の臧令が、本家の臧家の宝玉を盗むという事件であった。そして犯人の臧令が、季平子が実力者であるのを見込んで、季平子の屋敷へ救いを求めて逃げこんできたのである。しかし、逃げこんだ臧令を臧昭伯は捕えて、連れ去った。

すると、臧令をかくまった季平子は非常に怒って、今度はお返しに、臧昭伯の家老を捕えるという挙に出たのである。そこで臧昭伯の方も怒った。

さきに闘鶏で問題を起こした瓏昭伯と、この臧昭伯の二人が揃って、季平子の理不尽な行いを、主君の昭公のところへ訴えて出たのである。

（チャンス到来）

と昭公は勇みたった。

魯の国では、君主の下に、その高級な臣下として大夫がいた。その大夫である瓏昭伯も、臧昭伯も、二人とも、三桓と同じく君主昭公の直接の臣下なのである。それぞれ所領地を持っており、力も相当である。

その大夫の中でも瓏昭伯や臧昭伯は、三桓に次ぐ有力大夫だった。二人の先祖をたどれば、魯国の当初の君主である隠公の父親（恵公）の、弟たちであった。すなわち三桓の祖先の叔父にあたるわけで、歴史的にみれば、曨昭伯や臧昭伯の方が、三桓より古い名門なのであった。

そのため曨昭伯や臧昭伯は、三桓の横暴な振舞いには、以前から不満を持っていたのである。その不満が、今回の闘鶏事件と宝玉盗難事件をきっかけに、爆発したといっていい。いわば有力貴族間で争いが起きたのである。

曨昭伯や臧昭伯の勢力に便乗して、三桓の中でも最も力の強い季孫氏をたたくことは、三桓からの権力奪還の機会を狙っていた昭公に絶好の機会が到来したといってよかった。

そこで、その年（前五一八年）の九月に、昭公は思いきって軍勢をひきいて、季平子討伐の兵をさしむけ、季平子の屋敷を急襲した。

不意を打たれた季平子は逃げまどい、屋敷内の楼台へ登って、昭公に許しを乞うた。最初は、

「私は都から出て、罪の御通知をお待ちします」

と頭を下げ、その次には、

「私を、私の所領地で幽閉する罪にしてください」

そして最後には、

「私に車を五台お与え下さいまして、国外へ追放してください」

と小出しに降伏の条件を出して、許しを乞うた。しかし、昭公は許さなかった。強硬派の曤昭伯は、

「ぜったい殺してやる」

とわめいていた。

しかし、昭公が勝っていたのは、そこまでだった。昭公は急いでいたので、昭公のひきいる軍隊の兵士の数が少なく、それ以上は季平子を征圧できなかったからである。

ところが、三桓の方では三家が協力して、逆襲してきたのである。三桓の一つの叔孫氏は、

（このままでは、次は自分がやられるに決まっている。この辺で季孫氏を助けておいた方がいい）

と判断して、季平子を助けるために軍を繰り出し、昭公の占拠する季平子の屋敷へ攻撃してきた。

そこで昭公は、

（残る三桓の一つの孟孫氏を使って、季平子を討たせよう）

と思い、使者として曬昭伯を、孟孫氏のところへ走らせた。

しかし、その間に叔孫氏の軍が、季孫氏の屋敷へ攻めてきた。が、そこを占拠していた昭公の軍勢は、戦勝気分で気持ちがゆるみ、油断して鎧《よろい》を脱いで休息していた。そこへ叔孫氏の軍勢が攻め入ってきたから、ひとたまりもない。昭公の軍はけ散らされてしまった。

一方、昭公からの使者を受けた孟孫氏の方は、使者となった曬昭伯の話を聞きながら、

（はて、どちらに味方すべきか）

と即答を避けた。そして斥候を出し、その報告を待ちながら、のらりくらりと時間かせぎをした。やがて斥候が帰ってきて、

「季孫氏の屋敷へは叔孫氏の軍が応援にきて、昭公の軍を破滅させ、叔孫氏の勝利の旗が立っています」

と報告した。

それを聞くと、孟孫氏の腹は決まった。

ただちに使者の曬昭伯を捕えると、南の城門近くの、わざわざ人が見える場所で、斬り殺してしまった。

そして、ただちに昭公軍の討伐へと向かった。

そのため昭公は敗走した。

昭公はせっかくのチャンスにもかかわらず、季孫氏の討伐に失敗し、永年の願望の権力奪還は成功しなかったのである。

昭公は臧昭伯とともに、祖先代々の墓地に逃れて、善後策をはかった。

しかし、善後策は成らず、昭公は身の危険を感じて、命からがら、隣国の斉の国へと亡命した。（この結果、これから七年間、魯の国は君主不在という異常事態に陥り、三桓氏の専横がつづくのであった。そして昭公は、何度も魯国への復帰を画策したが、三桓に阻まれて実現せず、六年の亡命生活の後、ついに斉の国で薨去《こうきょ》することになるのである）。

この時の斉の国は、景公の治世三十一年にあたり、晏嬰《あんえい》という宰相が景公を援《たす》けていた。

第八章　斉の国にて

（一）

周へ遊学して魯の国へ帰国していた孔子は、魯の国を建国当時の周のような国にしようという希望に燃え、学問に励んでいた。

しかし、国内がこのように乱れて、あまつさえ君主の昭公が国外へ亡命してしまったのでは、孔子の、

（昭公に登用されて、国政に参加する）

などという望みは、むなしく消え去ってしまった。

それのみか、君主が亡命するような不祥事を起こす貴族達の醜い権力闘争や、それをめぐって右往左往する役人たちの醜態《しゅうたい》に、孔子はすっかり厭気がさしてしまった。

孔子は三桓の専横に嫌悪を感じ、同時に自分の生まれた魯の国にも絶望してしまった。

（魯の国だけが国ではない。他の国で政治に腕を振う道があるのではないか）

そう思った孔子は、仕官の途を求めて他国へ出ることを決心した。

しかし、行くといっても、魯の国より小さい国へは行こうとは思わなかった。魯の国の周辺で、魯よりも大きい国といえば、東北に斉の国、西北に衛《えい》の国、ほぼ西に曹の国、西南に宋の国があった。

その中から孔子は、最強国の斉の国を選んだ。政界への野望を抱く孔子としては、当然の選択だといえよう。斉の国は、周王朝創業の功臣である大公望呂尚を始祖とし、経済的にも恵まれた大国で、文化的にも進んでいた。それに以前、斉の国の君主の景公と宰相の晏嬰《あんえい》が魯の国を訪れてきたとき、孔子はこの二人に会ったという因縁もあった。

これまでの魯の国は、いつも斉の国から、国境侵犯や、戦争で、たえず痛めつけられていた。それなのに斉の国を孔子があえて選んだのは、この機会に斉の国の文化を学び、見聞をひろめ、出来たら自分の理想を実現するために斉の国での仕官の道を探そうとしたからだった。

こうして孔子は、昭公の後を追うようにして祖国を去り、斉の国へ向かった。孔子が三十五歳のときであった。

それは子路などの弟子たちをつれた大勢の旅で、失意からというよりも、むしろ前途に明るい希望を抱いた、一種の運命共同体としての旅であった。

当時、国と国との間の人材移動は、比較的容易に行われていた。

孔子はまず、斉の国で有力な貴族である、家老の高昭子《こうしょうし》の家臣となった。そして、高昭子のルートで、斉の君主の景公に近づき、仕官の途を探ろうとした。

この高昭子は、斉の国の実力者の一人であったが、孔子をそのように遇するだけでなく、斉国へ亡命した魯の君主の昭公のなぐさめにも出向いたりして、もともと魯の国と親交のあった人物だった。

したがって、昭公が斉の国へ亡命できたのも、このような高昭子の支持があったればこそ出来たのであろう。だから孔子だけでなく、その他にも高昭子の庇護を受けた魯の人間は、多くいたのではないかと思われる。

高昭子の家臣となった孔子は、自分の名前を高める方法を考えた。孔子は体力もある大男であったから、武芸で名をあげる機会もあった。しかし、孔子の希望は武芸ではなく、あくまでも学問によって国政に参加することである。孔子にはすでにその教養があった。

これまでに勉学してきた詩書礼楽である。

孔子はまず、魯の国で学んだものよりも一段とレベルの高い、斉の国の楽を学ぼうと思った。当時、音楽は礼式には欠かせないものであり、重要な学問の一分野だったからである。また、この時代の最高の芸術は「詩と音楽」であった。

孔子は一つのことに夢中になる性格だった。そして、その道を究めなければ気がすまなかった。だから楽についてもそうだった。

かつて魯の国において楽を習ったときのエピソードが、それをよく物語っていた。孔子は魯の国の楽官の師襄《しじょう》に琴を習ったことがあった。そのとき孔子は同じ曲を十日以上も弾きつづけたので、師襄が、

「この曲はもうよく弾けるようになったから、新しい曲を教えましょう」

と言うと、孔子は、

「いえ、メロディーは学んだけれども、まだテクニックが身についていません」

と言って、弾きつづけていた。しばらくしてまた師襄が、

「そろそろ新曲に移ったらどうですか」

と言うと、孔子は、

「まだこの曲の趣きと味わいが、会得できません」

と言って先へ進まなかった。またしばらくして師襄が、

「もう十分会得したでしょう。新曲に移りましょう」

と言うと、また孔子は、

「まだこの曲の作者が誰なのか、その人の風貌が思い描けません」

と孔子は答えるのだった。

それから更に何日かたつと、孔子は天を仰いで嘆息して、

「この作者の風貌が思い浮かぶようになりました。この曲は、周の文王のほかに誰が作ることができたでありましょうか」

と言うのだった。すると師襄は立ち上がって頭を下げて、

「その通りです。私はこの曲を伝授されたとき、文王が作った曲だと教えられておりました」

と答えた。一つの曲を学ぶにもここまで徹底する、これが孔子の学び方だった。

斉の国においても楽を学ぶために、孔子は斉の太師《たいし》（音楽長官）から教えを受けた。

斉の国には、古代伝説の聖王である舜《しゅん》を祭る、「韶《しょう》」という伝統音楽が伝わっていた。韶という音楽は、舜帝の作曲した音楽だと言い伝えられているが、孔子はこの韶を学んだのである。

孔子は韶の音楽を三カ月も学ぶと、すっかり韶に心酔して、

（韶の音楽にすっかり熱中して、この韶を学んでいるときには、好きな肉を食べてもその味さえわからないほどであった）

と、その傾倒ぶりを述懐している。すなわち、孔子は食事もそぞろになるほど韶に心酔し、

「音楽がこれほどすばらしいものだとは思わなかった」

と、古楽の雅びに陶然となり、感嘆した。

孔子は学問においても天才だったように、美や芸術の世界についても天才だった。その美への天才が、斉の古楽によって呼びさまされたのであろう。孔子は、

（韶は美をつくし、善をつくしている。周の武王の音楽は美をつくしているが、まだ善をつくしていない）

と、音楽にすぐれている周の音楽でも、美はあるが、まだ善はない、それなのに斉の音

楽の韶は、美と善の両方が揃っていて、周の音楽よりもすぐれていると、絶讃した。

さらに孔子は、

「夏の国の暦を使い、殷の国の車に乗り、周の国の冠をかぶり、斉の国の韶の舞曲を使うのが、国を治めるもとになる」

とまで言っているのである。

このように孔子は斉の太師に古典音楽を習ったことによって、一段と楽の教養を高め、孔子の名前は斉の国でも一躍有名になった。ここまで音楽が理解できれば、礼を担当する典礼官になってもおかしくない実力を、今や孔子は身につけたのである。

（二）

やがて孔子は、高昭子の世話によって、斉の君主の景公と面会することができた。

その時、景公が孔子に、

「政治の要諦は何か」

と、政治のあり方について質問した。すると孔子はただちに、

「君は君たれ、臣は臣たれ、父は父たれ、子は子たれ」

と答えた。すなわち、

（君、臣、父、子が、それぞれ自分の本分をつくし、責任を果たすことである）

というのである。なおこの章を「君を君とし、臣を臣とし、父を父とし、子を子とす」

と読む説もあるが、大意は変わらない。

すると景公は、簡にして要を得た孔子の答えに感心して、

「これはよいことを聞かせてくれた。たしかに君主が君主でなく、臣が臣でなく、父が父でなく、子が子でなかったら、どんなに財政が豊かでも、安心して暮らしていくことができないからなあ」

と、すっかり感心した。

さらに景公は、別の日にもう一度孔子を呼び出して、

「政治とは何か？」

とさらに質問した。すると孔子は、一回目のときは政治の一般論的な返答をしたのに対し、二回目のこの度は、ずばりと具体的なことを答えた。

「政治は財政を節約することが必要です」

すなわち、財政政策の改革を提言したのである。

斉の国は財政面から見れば、富裕な国であった。領する山東半島は海岸線が長くて、海産物が多くとれた。とくに塩の生産が盛んで、各国に販売しており、塩は重要物資であったので、収益が大きかった。

しかし、収益が大きくなれば、豊かさに馴《な》れて贅沢になり、その結果、国の出費も大きくなり、財政難に陥っていた。したがって税金も次第に重くなり、人民は困っていた。孔子が財政改革のことを言ったのは、この人民の重税のことを言ったのである。

それは孔子に、かつて次のような経験があったからである。

孔子が弟子たちといっしょに、泰山《たいざん》（霊山として崇《あが》められている中国一の名山）の麓を通ったときのことである。

泰山の南側は魯の国、北側は斉の国と伝えられているが、そこに建っている墓で、一人の女が声をあげて泣いていた。その墓は、魯の国にも斉の国にも属さない土地に建っている墓であった。

そこで孔子が、なぜそんなに泣き悲しんでいるのかと、弟子の子路に聞かせたところ、その女は、

「この辺には虎がたくさん出没するので、わたしの舅《しゅうと》、夫、息子と、三代にわたって虎に食われて死んでしまいました。それでこう嘆き悲しんでいるのです」

と答えた。孔子が、

「そんなに危険な土地ならば、こんな所に住んでいないで、他の場所へ引っ越せばいいではないか」

と言うと、女は、

「いいえ、それは出来ません。なぜならば、この土地は他所よりも税金が安いからです」

と答えた。

繁栄しているとはいえ、斉の国も、魯の国も、またその他の国も、税金が重いので行きたくないというのである。この山麓の土地は、どの国の土地なのか所属不明なので、税金が安いのである。すなわち、

（重税は虎よりも恐ろしい）

ということである。

虎よりも恐ろしい政治をしていて、いい政治であるわけがない。斉の国が繁栄しているといっても、それは人民の重税の上に乗った繁栄なのである。人民は苦しんでいる。人民

は喜んではいない。この泰山の麓の女のように、重税に苦しむくらいなら、むしろ虎に食われた方がいいと思っている。

孔子が二回目の景公の質問に、財政政策の改革を提言したのは、このことを言ったのである。

一回目の孔子の答もさることながら、二回目の「苛政は虎よりも猛《たけ》し」という答弁で、景公はすっかり孔子が気に入ってしまった。

そこで景公は、孔子を高い地位に抜擢して、家臣として任官させようとした。

しかし、その孔子の任官に反対した者がいた。宰相の晏嬰《あんえい》である。

『史記』によると、この晏嬰は当時きっての賢人であったと記されている。すなわち晏嬰は、紀元前六世紀に出た、晋の叔向、鄭の子産とともに、名宰相三人といわれた人物であった。

その晏嬰が、景公に対して言った孔子への批判は、次のように手きびしいものであった。

「孔子のような儒者は口先ばかり達者ですから、そのような人物を登用すべきではありません。自分ばかりが正しいと思い、人の意見を聞かない者は、部下にはできません。また葬式や儀礼ばかりを重んずるやり方を、斉の国に採り入れることはできません。それに孔子は諸国に政策を売りこみながら、金品の恵みを受けたり、借りたりしているようですから、そのような者にわが斉の国を治めさせるわけにはまいりません」

晏嬰に言わしむれば、孔子は実際の政治の経験がないのに、「礼」とか、「楽」とか、「仁」とかを強調する学問は、政策としては清純すぎて、現実に合わないというのである。晏嬰のように泥にまみれて政治をし、国を運営している者から見れば、孔子の政策は政治の現実を知らなすぎるし、甘っちょろく、理想論すぎて、独善的にしか見えなかったのである。先の老子の言葉とも考え合せると、未だ孔子も若かったのか。

政治には理想もさることながら、もっと老獪さが必要だという現実論である。現に魯の国でもそうであったように、斉の国でも下剋上の動きや、有力家臣の抗争が熾烈をきわめていて、油断のならない政情にあった。宰相たる立場にある晏嬰としては、当然の考え方だった。

また、晏嬰だけでなく、斉の国の大夫たちも、孔子という他国者が入ってくれば、自分たちの地位が不利になることを敏感に感じており、孔子の任官には反対した。露骨に孔子を追放しようとする動きさえ出てきた。

現実に政治を動かしている宰相や大夫たちがそのような考えでは、景公としてもその意見に従わざるを得ず、

「わしも年を取ってしまったので、汝を登用することがもう出来ぬわい」

と年齢のせいにして、孔子の任官を断ってしまった。

こうして孔子の斉の国での任官は実現しなかったのである。

そうなれば、孔子はまた魯の国に戻るしかなかった。

孔子は空しく、魯の国へ帰国した。孔子が三十七歳のときである。

しかし、斉の国での任官は実現しなかったものの、斉の国での滞在は、魯の国では学べなかったいろいろな文化に接することが出来て、孔子にとってその意義は大であった。

斉の国は外様《とざま》大名ではあっても、周王朝とともに歴史は古いのである。その上、魯の国とちがって大国であり、その都である臨淄《りんし》は当時の中国では屈指の大都市であった。孔子の斉での滞在は、多くの刺激となり、得たものは大であった。孔子は新鮮な驚きをもって、斉の国の文化を学んで帰ったのであった。

斉の国では希望する任官こそできなかったが、新しい斉の文化の吸収が、孔子に大きな

プラスを与えたことはまちがいなかった。

考えてみれば、斉の国で君主の景公と会って国政を論じ、そして晏嬰たち実力者が孔子に反対したということは、若いながらも孔子にそれだけの実力が備わってきた証拠だといえよう。孔子はあらためて、

（自分の生き方にまちがいはない）

という自信を強く持った。

孔子はそろそろ四十の声を聞く年齢になっていた。斉での挫折と、それを裏腹に得た自信との、二つの複雑な感情の中で、孔子はやがて、

（四十にして惑わず）

と、自らにつぶやくのである。

第九章　教育に専念

斉の国における孔子の滞在期間は、二年説、七年説とあって、はっきりしないが、斉の国から魯の国へ戻ってみると、祖国の魯はますます混迷の度を深めていた。

斉の国では、宰相の晏嬰の反対にあって残念ながら任官の途は開けなかったが、しかし、魯の国へ帰ってみても、政治の舞台が孔子に与えられるわけではなかった。

（なんとか政治に参加して、理想とする政治を実現してみたい）

と思うのだが、どうすることも出来なかった。

（いずれその日が自分に来る）

とは思ってみても、現実の混乱した政治は孔子と関係のないところで動いている。任官の途はなかなか孔子のところまで、のびてこなかった。

しかし孔子が、斉の国で君主の景公に会って政治について語り、景公から絶大な信頼を受けたということは、魯の国にも伝わっていた。その噂を聞いて孔子の塾の評判はますます高くなり、入門する弟子もふえてきた。

「論語」の中の有名な言葉に、

(学びて時に習う、また楽しからずや)

というのがあるが、ちょうどこの頃の孔子の姿を現しているように思われる。

(政治への参加が不可能ならば、学問の研究と、教育に専念しよう)

と、孔子は決意したのである。

孔子は多士済々の弟子たちに囲まれて、

「礼」とは何か、

「政」とは何か、

「徳」とは何か、
を論じた。

こうして、学問の世界での孔子の名声はますます高まっていき、「論語」の中の言葉の、

(人知らずして慍《うら》みず、また君子ならずや)

という心境になるのだった。すなわち、

（たとえ人に認められなくても、怨むことはない）

という達観であった。

そして、この達観が「論語」為政篇にある有名な、

（四十にして惑わず）

という言葉になり、人生四十歳の教えを「不惑」として、後世に長く残したのである。

第十章　陽虎のクーデター

するとそんな頃、孔子が四十二歳のときである。魯の国に突然の異変が起きた。

魯の国の君主の昭公はさきに斉の国へ亡命していたが、その亡命先の斉の国で薨去《こうきょ》したのである。

亡命してから七年間の歳月が流れており、その七年の間、魯の国では君主不在という異常事態が続いていた。が、その君主不在の間、政治の権力を握り専横をきわめていたのは、もちろん季孫氏を中心とする三桓の一族だった。

しかし、君主がいないということは、やはり人心が不安である。

そこで、魯の国では昭公が死亡したのを機会に、昭公の異母弟である定公が、季孫氏に擁立されて君主に即位した。やっと魯の国の君主不在が解決したわけであった。

しかし、定公が君主についたとはいうものの、定公は形だけの君主で、政治の実権は依然として三桓（季孫氏、孟孫氏、叔孫氏）によって独占され、下剋上の風潮が改まる様子はなかった。改まるどころか、ますますエスカレートしていった。

というのは、三桓が権力を握っているという段階はまだよかったのであるが、三桓が世の下剋上の手本になってしまい、三桓にとって逆に都合の悪いことが起きてしまったのである。すなわち別の下剋上を誘発し、下剋上の連鎖反応が起きてしまったのである。

それが三桓の家臣の中から出てしまったところに、三桓の悲劇があった。

三桓の中心的存在で、一番権力を握っていたのは季孫氏であったが、その季孫氏の内部に、ある異変が起こっていたのである。季孫氏の家老の陽虎が次第に権力を握りはじめ、いつのまにか当主の季平子の勢力をしのぐ勢いになっていた。

この陽虎は、かつて十七歳の孔子が季孫氏の開いた人材抜擢の宴へ出掛けたとき、

「お前のような小僧っ子を招いたおぼえはない。立ち去れ」

と孔子に門前払いをくらわした、あの陽虎である。孔子にとっては宿敵ともいえるその陽虎が、いまや季孫氏の中で当主をしのぐ権力を握り、ひいては魯の国の政治を左右する

までになっていた。すなわち、下剋上の本家ともいうべき三桓の中に、その本家を狙う次の下剋上が育っていたのである。

それは、孔子が四十七歳になったときのことであった。

季孫氏の当主の季平子が死んで、その子の季桓子が後を継いだ。しかし、季桓子は年も若く、父の季平子のような政治力のある男ではなかった。日本の江戸時代でいうならば、殿様が死んで、実力のない若い殿様が、その後をついだようなものである。

それをいいことに、家老の陽虎の専横はますますエスカレートしていった。

そこで当主の季桓子は、この陽虎の専横に対抗するために、仲梁懐《ちゅうりょうかい》という家臣を寵愛するようになった。

当然のように、この仲梁懐と陽虎とは反目し、はげしく対立した。そして陽虎は、仲梁懐を追い払おうとし、ついに仲梁懐を捕えてしまった。

当主の季桓子は烈火のごとく怒った。しかしその季桓子さえも、また陽虎に軟禁されてしまうという始末であった。

その結果はどうなったのか。陽虎と季桓子は結局誓約して和解するのであるが、この事件によってますます陽虎は勢力を伸ばし、季孫氏の中で完全に実権を握ってしまったのである。

季孫氏は宰相として魯の国政を動かしていたのだが、こうなると、それはもはや形だけで、実際に国政を動かしているのは陽虎だといっていい。

すなわち、いまや魯の国政は、重臣の季孫氏どころか、陪臣の陽虎によって握られているという、国政の乱れであった。

こうなってくると、野望を持つ陽虎には、お家乗取りの絶好のチャンスだった。

陽虎が、

(今こそ権力を完全にわが手に握って、魯の国を思いのままにする絶好の機会だ。季孫氏だって、かつて君主の昭公を追い出して、下剋上の見本を示したではないか。わしの当主の若い季桓子なんて、ちょろいものだ。わしが季桓子になり代わってお家を乗っ取ったところで、なんで悪いことがあるものか)

と、野望に燃えたのは当然である。まさに下剋上が、三桓の中で連鎖反応を起こしたのである。

陽虎は季孫氏を乗っ取る決意をした。

しかし、陽虎がそれだけの大事をなすには、有能な部下が必要である。人材を集める必要があった。

そこで陽虎が目をつけたのが孔子だった。孔子はかつて斉の国の景公と政治を語って、景公の信頼を得たというし、また魯に帰ってからは、その塾に弟子も多く集まり、今や魯での、詩、書、礼、楽などの教養の第一人者である。いわゆる、

(使える人間)

と陽虎の目に映っているのだった。

そこで陽虎はある日、人を通じて、

「一度会って話がしたい」

と孔子に申し込んできた。かつて孔子を門前払いした昔のことなど、すっかり忘れてしまった図々しさだった。そして、

「いまの魯の国は、三桓氏が君主をないがしろにして専横をきわめ、世の中が乱れきっている。わたしは、あなたの教えを受けて、乱れた世を平和な国にしたいのです」

と、言葉巧みに語りかけてきた。

孔子には、これが、

（陽虎へ仕官しろ）

という誘いだということがすぐわかった。

孔子もかねがね国政に参加して、政治に携《たずさ》わりたいという思いが強かった。これまで精進してきた学問もそのためだったし、またそのための仕官を求めて、斉の国の景公にも会ったのである。ましてや魯は自分の祖国である。その祖国で政治に参加できるとは、願ってもないことである。そういう意味において陽虎からの申し出は、孔子にとって絶好のチャンスといってよかった。

しかし孔子は、この陽虎の申し出を断ってしまったのである。

陽虎は、十七歳の孔子が世に出ようとする出鼻をくじいた、憎き男である。あの時、季孫氏の宴へ出席しようとするのを陽虎に断られた怨みを、孔子は終生忘れることはできなかった。生涯の宿敵である。そんな男の申し出を受け、その風下に立って仕えることなど、孔子には到底できなかった。

加えて政治の理念が、孔子と陽虎とでは、百八十度違っていた。

孔子の政治理念は「礼、楽を中心とした周の政治」を、いまの魯の国に復活することである。

それに対して陽虎の目的は、季孫氏の当主が若くなったのを幸いに、一挙に自分の権力を拡大し、魯の国をその手に握ることである。陽虎は、

（下剋上で乱れた魯の国を、わたしの手で復興したい）

などと言っているが、孔子にしてみれば、

（陽虎よ、お前こそ国を乱している者ではないか）

と言ってやりたかった。

孔子が陽虎の申し出を断固断ったのは当然であった。

陽虎の申し出を断った孔子は、その後、なるべく陽虎に会うのを避けていた。

しかし、陽虎の方はあきらめなかった。

ある日陽虎は、高価な豚を孔子のところに届けてきた。

これには孔子も当惑した。当時の礼では、高価な贈り物に対しては、答礼に行くのが習わしだったからである。

考えた末に孔子は、陽虎と顔が合わないように、陽虎の留守を狙ってその邸宅を訪ねた。

ところが運の悪いことに、その帰り途で、ばったり陽虎に会ってしまったのである。

すると陽虎はここぞとばかりに、孔子を勧誘した。

「どうですか。いっしょに政治をやりませんか。あなたのような立派な宝（学問）を持ちながら、国の乱れを救おうとしないのは、正しいことでしょうか」

「うむ、そう言われれば、それはいいことではないでしょう」

「あなたは政治に携わりたいと思いながら、何度もその機会を逃しているではありませんか。そんなことでは、とても知のある人間とはいえませんよ」

「うむ、そう言われれば、そうかもしれないいな」

陽虎は話を巧みに誘導していった。そして最後に、孔子の胸の中を見抜いたように、ずばりと、断定するように、

「月日はどんどん過ぎてゆき、歳月はあなたをいつまでも待っていません。どうですか、この辺で決断されては。いっしょに政治をやって、魯の国をいい国にしましょう」

と迫ってきた。

孔子はついに陽虎の弁舌の巧さに魅せられたように、

「わかりました。お仕えしましょう」

と答えざるを得なかった。孔子の胸の中にも、一瞬、

（この実力者の言うことを聞いて、政治への足がかりを摑んだ方が得かもしれない）

という打算が動いたのかもしれなかった。

こうして孔子は、帰り途で陽虎に会ってしまったばかりに、「お仕えしましょう」と言ってしまったのである。

しかし、家に帰ってもう一度よく考えてみると、それは間違いであることがわかった。陽虎の弁説にまどわされた、一瞬の心の迷いだったのである。

そこで孔子は、後日、あらためて陽虎に、はっきりと断った。そして、陽虎に仕えるようなことはしなかった。

第十一章　公山弗擾《こうざんふつじょう》のクーデター

陽虎の天下を握らんとする野心はすさまじいものだった。孔子が仕官を断ったぐらいで、止まるものではなかった。

陽虎はますます魯の国の事実上の独裁者として、権力を高めていった。やがて、その権力の座の総仕上げの時がやってきた。

定公が即位して八年目、孔子が陽虎の申し出を断った三年後、すなわち孔子が五十歳のときである。陽虎は配下の公山弗擾《こうざんふつじょう》といっしょに、三桓のトップの首をすげ替えるクーデターを起こしたのである。

トップの首をすげ替えるとは、言いかえれば、三桓を牛耳っている季孫氏の当主に、陽虎がなるということである。季孫氏の当主の季桓子が若いことをいいことに、それを追い払って、自分が当主の座に座ろうという下剋上、いわばクーデターであった。

するとと都合のいいことに、時を同じくして、それを促進するような動きが、三桓の中から起きてきたのである。

まず季孫氏の家の中である。

季孫氏では季桓子が当主であるのだが、実はかねがね弟の季寤《きこ》が、兄に代わって当主になりたいと思っていた。そんな野心を抱いていたため、季寤は兄の季桓子から憎まれていた。

するとまた、それと併行して、同族の公鉏極《こうしょきょく》や、家臣の公山弗擾も、当主の季桓子から憎まれており、不満を持っていた。

また三桓の叔孫氏の家でも、当主の庶子である叔孫輒《ちょう》は、父に愛されず、したがって当主になれる可能性がうすく、不満であった。また一族の中の叔孫志も不満組だった。

ある日、これらの不満分子が集まって、陽虎にクーデターの相談を持ちかけたのである。

陽虎はただちにこの陰謀に乗った。

陽虎が彼等のクーデターに乗り気だったのは、陽虎が魯の国政の独裁者になろうという野心のほかに、もう一つあった。それは陽虎が三桓の孟孫氏との関係が険悪になっているという事情があったからだった。だからこのクーデターを機に、季孫氏と叔孫氏だけでなく、この孟孫氏もいっしょに叩いてしまおうという、陽虎の狙いが働いていた。

すなわち、陽虎にとってのこのクーデターは、季孫氏だけの問題だけでなく、一気に三桓の当主を全部変えてしまい、陽虎がその上に立って国政を牛耳《ぎゆうじ》ろうとするものだった。

とくに、陽虎の配下にある公山弗擾がクーデターに加担していることが、陽虎には心強かった。

十月、陽虎たちは戦勝を祈願して、クーデターを起こした。

まず季桓子をさそい出して、陽虎の弟の陽越がこれを殺害することにし、公山弗擾には、季孫氏の根城である費邑《ひゆう》を占拠することを命じ、陽虎は孟孫氏を討つことにした。

しかし、三桓の中でも中心的な存在である季孫氏の当主が殺害されるなどということは、季孫氏にとって重大事であるばかりでなく、三桓にとっても一大事だった。

そのため三桓側は、季孫氏、叔孫氏、孟孫氏の三家が協力して、陽虎に反撃してきたのである。

三桓も、いざとなって三家が力を合わせれば強かった。

そのため陽越（陽虎の弟）による、季孫氏の当主季桓子の暗殺は失敗してしまった。

季桓子は矢を射かけられながらも、かろうじて逃走し、孟孫氏の邸へ逃げこむことが出来たのである。そして逆に、季桓子を攻めた陽越は、射殺されてしまった。

そこで陽虎は、魯の君主の定公と、叔孫氏の当主の叔孫武を、脅して味方につけ、孟孫氏と戦ったが、敗れてしまった。

すなわち陽虎たちのクーデターは失敗したのである。

陽虎はやむなく、斉の国へと逃亡した。そしてさらに、その後、晋の国へと逃亡してしまった。


さて一方、陽虎の命令を受けた公山弗擾の方はどうなったのか。

公山弗擾は陽虎の指示通り、季孫氏の知行地の中心にある費《ひ》という城邑《じょうゆう》を占拠することに成功した。公山弗擾は、費邑の代官であったから、やすやすと費邑を奪いとることが出来たわけである。

しかし、間もなく公山弗擾は、クーデターの失敗を知った。そして、困ったことには、クーデターの張本人である陽虎が、さっさと国外へ逃亡してしまったことである。

公山弗擾は費邑城に孤立してしまった。しかし今更、後へは引けなかった。公山弗擾は費邑城に立てこもることにした。

費邑城は堅固な城であるし、食糧も豊かにあったから、孤立したとはいえ、独立してやっていけないことはなかった。

しかし、相棒とたのむ陽虎は逃げてしまったので、誰か味方になってくれる人物がほしかった。

そこで、公山弗擾が目をつけたのが、孔子であった。孔子を味方につけることができれば、千万の味方を得たよりも心強い。そこで孔子に、

「わたしといっしょになって魯の国を治めてほしい」

と、申し入れたのである。

孔子はたんなる巷の学者ではない。その学問を武器として政界に出る意欲が強いことをよく知っている公山弗擾は、そのような言葉で孔子を招いたのである。

しかし、いっしょに魯の国を治めようといっても、上には君主の定公がいるし、その下には三桓がいる。公山弗擾はその三桓の家老である陽虎の、またその下の者である。「国を治める」と恰好をつけて言ってみても、しょせんそれはクーデターによる政権奪取、叛乱軍にすぎない。

そんな公山弗擾に孔子が味方するはずがない。かつて陽虎が孔子を招いたときも、結局孔子は応じなかったのである。

しかし、何としたことか、今度は孔子はこの公山弗擾の誘いに応じようとしたのである。すでに孔子は五十歳になっていた。五十歳になっても、政界へ足をふみ入れる芽が出ないのだった。政界への志を果たさぬまま、自分の人生が終わってしまうのかと思うと、孔子もあせりを感じていたのであろうか。

それにクーデターといっても、公山弗擾のクーデターは、君主の定公を討とうというのではない。君主の定公をないがしろにして専横をきわめている、三桓を追放し、その政権を奪取しようというのである。

もともと孔子は、君主をないがしろにする三桓の専横をにがにがしく思っていた。だから三桓から政権を奪取するのは、孔子の望むところでもあった。

そんな思惑が胸の中にあってか、孔子は、

（少しの危険をおかしても、この公山弗擾のチャンスを摑んだ方がいい）

と考えたのである。

驚いたのは高弟の子路であった。子路はなんとしてでも孔子を止めなくてはならないと

思い、憤然《ふんぜん》として、

「あんな公山弗擾に味方するなどとは、とんでもないことです。なぜ、叛乱軍などに加担されるのですか」

と食ってかかった。そして、

「公山弗擾が拠っている費邑城は、いかに堅固な城とはいえ、魯の国の一隅を占めるにすぎません。そんな狭い領域から、どうして魯の国全体を動かすことが出来ましょうか。また公山弗擾に勢力があるといっても、しょせん叛乱軍にすぎません。季孫氏をはじめとする三桓の力がいくら衰えたといっても、そうやすやすと公山弗擾の軍門に下るとは思えません。現に公山弗擾をそそのかした陽虎は、国外へ逃げてしまったではありませんか。甘言につられて、その中に入っていくのは、火中の栗を拾うようなものです。賛成できません」

と、世の中の動きにくわしい現実派であり、実務派の子路は大反対した。

すると孔子は、

「わたしを見込んで招くからには、きっと何かの考えがあってのことにちがいない。わたしに政治を任せてくれるというのだから、ぜひやってみたいのだよ。わたしはこの乱れた魯の国を、かつての周の国のような、立派な国にしてみたいのだ。かつて周の国が行った理想の政治を、この魯の国に再現してみたいのだ。わたしにはその自信がある」

そう答えた。孔子はすでに五十歳になっていた。学問を修め、執政家としての実力も蓄えている。自信もついてきた。もはや雌伏《しふく》の時は過ぎた。そう考える孔子が、こうした心境になったとしてもおかしくはなかった。すなわち五十歳の孔子は、あせっていたといっていい。

そこでさらに、子路は言葉鋭くつめ寄った。

「それではお聞きしますが、先生はいつか『自分から進んで悪を働く者に手を貸してはならない』と教えてくださったではありませんか。公山弗擾は叛乱を起こした人間です。そんな悪事をなす人間に、先生が手を貸すとは納得がいきません」

それに対して、またもや孔子は、

「たしかにそう教えたことはある。だが世に『本当に鉄が固ければ砥石《といし》にかけても薄くはならない。本当に白ければ、いくら染めても黒くはならない』というではないか。わたしの政治への理念は、正しく、堅固である。たとえ悪の中に入っても、崩れることはない。わたしは見捨てられた苦瓜《にがうり》ではない。いつまでも見捨てられたままで、見苦しくぶら下がってなどいたくないのだ。せっかくの機会を無駄にしたくないのだよ」

そう答えた。学問はしたものの、実際の政治に携わることができず、中途半端な状態でいる自分を、

（ちょうど蔓にぶら下がって、見苦しく醜態をさらしている苦瓜のようだ）

と、自己嫌悪に陥っていた孔子の姿がここに見える。

しかし政治とは、孔子の考えているような理想郷ではなく、現実の政治は政争に明け暮れる修羅場である。孔子の政治は、

（王の道を説き、その徳によって世を治めるのを理想）

とする、いわゆる王道である。しかし現実の政治は、各地で実力を蓄えた政治家が叛乱を起こして権力を奪いあい、力のある者が実権を握り、覇を競い合う、覇道であった。

だが、政治の力学や世の修羅場にうとい孔子には、自分の志す王道が、誰に仕えたら実現するのか、よくわからなかったのではないだろうか。

その辺の事情にくわしいのは子路である。子路は自分が正しいと思ったことは、たとえ師の孔子であっても猛然と立ち向かっていく剛の者である。子路は孔子への説得をあきらめずに続けた。

子路は単純な男であるが、もともとは武闘派の人間なので、戦いのコツは心得ていた。勝つ方に乗るのが、軍事の定石である。戦争については、孔子よりもうわ手である。孔子のような理想と、机上の演習だけでは、戦争に勝つことはできない。

ついに孔子も、その子路の判断を認めざるをえなかった。孔子もついに、

（やはり子路の言うことが正しいのだ）

と目ざめた。

そして公山弗擾の申し出を敢然と断った。


こうして魯の国にも、他の国と同じように下剋上の動きが盛んになると、孔子をめぐる動きにも、このようにあわただしいものが起きてくるのだった。そして、すでに五十歳という年齢になり、早く世に出て活躍したいと思っている孔子の気持ちは、はげしく揺れ動くのであった。

しかし、その迷いの中から、孔子は、

（理想的な政治を実現するのに、下剋上の波に乗って主君に叛き、権力を握って実現する覇道をもってしてはならない。あくまでも王道によって実現するものでなくてはならな

い）

と、天命を悟るのだった。これが後年の孔子の、

（五十にして天命を知る）

という言葉になるのである。

第十二章　仕　官

(一)

孔子は世に出る機会を待った。そのために学問に精を出し、準備した。そして弟子たちもふえ、着々とその力を身につけてきた。しかし、その機会はなかなかやってこなかった。

魯の国の中央政府には、すでに出来上がっている官制（政治システム）があり、よほどのことがなければ、下層出身の者が、いきなりトップの層へもぐり込むことなどできなかった。

魯の国の官制は、およそ次のようになっていた。

最高のポストは大臣であった。そして大臣には、司徒《しと》（内務大臣）を筆頭に、司馬《しば》（国防大臣）、司空《しくう》（建設大臣兼財務大臣）の三つのポストがあった。

もちろんこの最高ポストは、権門の三桓が歴代にわたってほぼ独占していた。三桓の中でも最も力のある季孫氏が司徒をつとめていたが、三桓の分担は次のようであった。

季孫氏―司徒（内務大臣）
叔孫氏―司馬（国防大臣）
孟孫氏―司空（建設大臣兼財務大臣）

三桓はいずれも身分としては卿であり、その中で三桓の年長者が首相となった。

次にこの大臣と並ぶ、大臣格としては、

大宰《たいさい》（官房長官兼総務長官）
宗伯《そうはく》（文部・祭祀長官）
司寇《しこう》（法務大臣兼警視総監）
士師《しし》（幕僚長）

というポストがあった。そしてこの下に、次官、局長クラスとして、

左宰《ささい》（総務次官）
少正（内務次官）
傅《ふ》（太子教育係）
行人（大使）

馬正（国防次官か）
燧正《すいせい》（国境防衛総司令か）
工正（建設次官）
賈正《こせい》（経済次官）
などのポストがあり、身分としては大夫《たいふ》であった。その他に技能官として、
太史（気象庁長官兼歴史編纂所所長）
太祝《たいしゆく》（呪術長官）
太師（音楽長官）
少師（音楽次官）
卜人《ぼくじん》（予測予報長官）
一医（医務長官）
などのポストがあった。さらに、本省課長クラスの高官としては、
虞人《ぐじん》、
周人、
宰人、

校人、
饔人《ようじん》、
圉人《ぎょうじん》、
司官、
司鐸《たく》、
司歴、

など、細かく、複雑に分れていた。

以上が魯の国の官制、すなわち君主の定公に直属する官であった。

しかし、君主に仕える三桓は身分が卿であるので、彼等はそれぞれ独自に領地や私軍を持っていた。すなわち自領を統治するそれぞれの家臣を持っていたのである。その家臣たちは直接君主に仕えるのではないから、君主から見れば陪臣《ばいしん》（また家来）になるわけであるが、その陪臣の職名としては、

宰（総務長・筆頭家老）
老（重臣）
豎《じゅ》（秘書官）

馬正（軍務長）
家司馬（本拠地の警務長）
邑司馬《ゆうしば》（所領地の警務長）
などがあった。

もし、孔子がこうした官制の中でポストを得ようとすれば、詩書礼楽を得意とする孔子としては、さしずめ式典部門などの系統に入って、そこから徐々に中級職へ進むのが道順であろう。

孔子が仕官するためには、三桓の意向が大きくものを言うのである。しかし、三桓の方からは、少しもそのような動きはなかった。さきに陽虎や公山弗擾からは声がかかったが、これは三桓に対するクーデターへの誘いであり、正常なる仕官とはいいがたく、孔子の望むところではなかった。

（二）

しかし実は、孔子が気がつかないうちに、孔子の仕官のチャンスが次第に近づいてきていたのだった。

それは前述した、陽虎と公山弗擾のクーデターがきっかけであった。

クーデターは三桓が協力して防いだので失敗に終わり、陽虎は斉の国へ逃亡したが、しかし、公山弗擾はいまだに季孫氏の費邑城に立てこもって、頑張っていた。

三桓へのクーデターが起こったり、公山弗擾がいまだに費邑城に頑張っていること自体、魯の国を独占してきた三桓の勢力が下落したことを、象徴する事件といってよかった。

しかし、この現象を逆の方向、すなわち君主の方から見れば、これまで三桓によってないがしろにされてきた君主定公の地位が、浮上してきたことになるわけであった。

(専横をきわめる三桓から、いかにして権力を奪還しようか)

とその機会を狙っていた君主の定公に、やっとそのチャンスが到来したといっていいのだった。

それを実現するには、定公の勢力の拡大が必要である。人材を集めることである。

定公は以前から、孔子に眼をつけていた。

(今こそ孔子を抜擢するチャンスだ)

そう決意した定公は、すばやく孔子に登用の手を伸ばしてきた。

君主である定公から直接仕官の話がくるなどとは、孔子は夢にも思っていなかった。孔子にとっては寝耳に水だった。それもうれしい寝耳に水である。

孔子は定公に呼ばれて、

「孔丘よ、わしに仕えてくれ」

と言われた。

これこそ孔子が待ちに待った言葉だった。

やっと孔子長年の夢がかなったのである。

考えてみれば、三桓の方でも、クーデター騒ぎなどが起こっては、人材の強化に、孔子を欲しかったのにちがいない。しかし、三桓が手をのばす前に、すばやく君主の定公の方が孔子を引き抜いたのである。

君主である定公のお声がかりの仕官であるから、孔子は君主直接の家臣である。もし、季孫氏などの三桓に仕えていたならば、陪臣（又家来《またげらい》）にすぎない。君主の直臣になれた孔子は、誇らしい気持ちだった。

しかし、君主直臣の仕官といっても、ものには順序がある。いかに孔子といえども、最初からすぐ中央官制の中枢部のポストにつくというわけにはいかなかった。

とりあえず孔子は、中都という城邑《じょうゆう》の宰（長官）に取り立てられた。

中都は魯の国の北方にある小さな城邑だったが、なんといっても君主の直臣である。三桓や、ましてや三桓の臣である陽虎や公山弗擾に仕えるなどとは、格が違っていた。小さな邑とはいえ、十分やりがいのある仕事だった。

こうして孔氏は、長い間待ちのぞんでいた君主定公への正式な仕官が、やっと実現したのだった。孔氏は自分の人生における使命というものを、胸が痛くなるほど感じたにちがいない。

孔子は五十二歳になっていた。

（われ五十にして天命を知る）

という孔子の言葉は、この辺の心境をいったものであろう。

中都に赴任した孔子は、善政に励み、

（一年もたたないうちに、周囲の邑《むら》が、孔子の政治を見習うようになった）

といわれるほどに、評判を上げた。

孔子がわずか一年ほどでそれほどの評判を上げるとは、孔子の政治の秘訣はいったい何だったのであろうか。

かつて孔子は、斉の国を訪れたとき、君主の景公の問に対して、

(政治は財を節するにあり)

と答えたことがある。すなわち緊縮財政である。

孔子は中都の邑でもこの方針にしたがって緊縮財政を行って、減税を断行し、人々の好感を得たのだった。


孔子の評判が好いので、孔子を登用した君主の定公はよろこんだ。

そこで定公は、しばらくすると孔子を中央に呼び寄せ、中央官庁入りをさせた。

中央官庁に入った孔子に、最初に与えられたのは、小司空というポストだった。現代でいえば財務次官と建設次官を兼ねたようなポストといってよく、大抜擢であった。

土木建設は昔も今も花形ポストである。灌漑をはじめとする農業土木、道路、都市(城邑)建設など、実力者でなくてはつとまらないポストである。そこで建設関係の司空というポストは、これまで三桓の孟孫氏が握っていた。

孔子はその司空の下の、小司空というポストに抜擢されたのである。普通では考えられ

ない大抜擢といってよかった。前述したように魯の国の三大主要業務は、司徒（内務大臣）は季孫氏、司馬（国防大臣）は叔孫氏、司空（財務兼建設大臣）は孟孫氏と、三桓の独占ポストと決まっていた。

そして、この小司空にあっても、孔子は期待にたがわぬ働きをした。そのため、ほどなくして司寇《しこう》（法務大臣と警視総監を兼ねたポスト）に昇進した。君主定公のはからいによる、異例のスピード出世といってよかった。

司寇は、大宰（官房長官兼総務長官）や宗伯（文部・祭祀長官）とともに、司徒、司馬、司空の三大臣と並んで、内閣を組閣する、いわば魯の国の最高官位である。

孔子はついに、国政を預かる閣僚、いわゆる執政となったのである。

第十三章　夾谷の会談

（一）

魯の国定公十年（前五〇〇年）の春に、魯の国と斉の国との間で、夾国《きょうこく》の会談というのが行われた。

夾谷は、魯の都の曲阜と斉の都の臨淄《りんし》との、ほぼ中間にある泰山の東にある町である。

その町で、魯の君主定公と、斉の君主景公との、和平会談が行われたのである。

このとき孔子は、定公の介添役として会談へ臨むという、大役を命ぜられた。孔子が五十三歳のときである。

しかし、この夾谷の会談の背景には、魯の国を取り巻く複雑な政治情勢がからんでいた。

当時、魯の国の東方には斉の国、西方には晋の国という強国があり、この二大強国が対立していた。

　そして、その間に挾まれた魯の国や、鄭の国、衛の国とかいう小国は、この二大強国の勢力争いの渦に巻きこまれ、対外政策に苦慮していた。

　斉と晋の二大強国といっても、当初は西方の晋の国の方が強かった。それで最初諸侯は、晋の支配下にあった。しかし、時代が経ち孔子の頃になると、晋の国の勢力は次第に衰えが目立ちはじめた。その代わりに東方の斉の国が強くなり、諸侯の指揮を取るようになった。

　そのため小国である鄭や衛の国などは、晋から斉へ乗りかえて、斉の国と同盟を結んだ。しかし、魯の国は依然として、晋の国の指揮下にとどまっていた。それが斉の国には許せなかった。鄭や衛の国と同じように、魯の国もなんとかして、自分の勢力傘下に収めたかった。

　これまでの魯の国は、君主と三桓の対立などの下剋上で国内が乱れており、斉が攻めるのに好都合の状態だった。

　ところが、最近その様子が変わりはじめてきていた。

　それは孔子が君主の定公に仕官したからだった。孔子には三桓のように、（下剋上によって政権を握ろうとする野心）などまったくなく、ひたすら定公に仕え、定公を頂点とした統一性のある政道を築こうとしていた。そのため魯の国内では下剋上が収まりつつあったので、斉の国としては、

（魯の国が一つにまとまってしまっては、斉の介入が困難になる）

と、危機感を強めたのである。そして、

（孔子による政治態勢が固まる前に、魯の国を籠絡してしまわねばならぬ）

と考えた。

そこで斉の国は、魯の国へ、

（二国間の同盟を結ぼう）

と、同盟を申し入れてきたのである。そして、同盟の条件として、

（これまでに、斉が魯から強奪した領土を返還する）

ことを申し出た。

そして、その同盟を締結するために、

（両国の君主が直接会談して、両国のよしみを確認しあおう）

と、斉の国から和平会談を申し込んできたのである。

そして、その場所が夾谷だったので、

（夾谷の和平会談）

といわれている。

しかし、和平会談といっても、大国と小国の間の会談である。本音をいえば、かねて強奪した土地を返してやるから、その代わりに、

（こちら側につけ）

と実質は、同盟という美名にかくれた、斉が魯を屈伏させるための、恫喝の和平会談にすぎないのだった。

さらにこの和平会談の裏には、もう一つ、斉の国の陰謀がかくされていた。

斉の国の君主の景公は、かつて孔子が十数年前に斉の国へ行ったとき、対面した君主である。そして、孔子が景公に仕官しようとしたが、宰相の晏嬰の反対によって、仕官がかなわなかった。

その孔子が、いまや魯の国の司寇という公職について、君主定公の政治を支えているのである。斉の景公が欲しかった孔子が、いまは魯の国の定公に仕えている。孔子の力によって、魯の国内の混乱が治まり、国政が統一され、国運が隆盛に向かっているのである。

そのため、これまで小国とあなどっていた魯の国が、そうそう斉の国の思う通りにならなくなってきているのである。しかし、そうなっては困るのだ。

（なんとか孔子を失脚させ、同時に魯の国を衰亡させる方法はないものか）

これがいまの斉の国の、本当の思いなのであった。

（それには、これまで魯の国から奪った土地を返却する口実のもとに、和平会談を開き、あわよくばその席上において、魯の君主の定公を監禁するか、あるいは殺害してしまおう。そうすれば、うまうまと魯の国が手に入るし、同時にいま隆盛を誇っている孔子も、高官の位から引きずり降ろすことが出来よう）

表面は和平会談を装いながら、夾谷の会談の裏には、このような魯の国を手中にしようという、恐ろしい陰謀が隠されていたのであった。

こうして孔子が五十三歳のとき、魯の定公と斉の景公とが、夾谷で会見することになったのである。

この当時、重要な外交の場は、伝統を引く儀礼にしたがって厳粛に行われるのがならわしになっていた。そのために儀礼や故事に明るい大夫が主君の介添役として同行し、一切を切り盛りする習慣になっていた。これを『相』といった。この相は大臣の意味ではなくて、一時的に儀礼を「相《たす》ける者」という意味である。

そうなると、孔子が礼に明るいことは若い頃から評判であり、また学問の世界でも名声が高い。孔子が注目されたのは当然であった。孔子以上の適任者はいない。

そこで孔子は、君主の定公の介添役に任ぜられて、夾谷の会談に臨んだ。失敗は許されぬ大役であり、同時に政界における孔子の、最大の見せ場ともなる舞台が到来したのである。

（二）

出発に当たって君主の定公は、ごく普通の馬車に乗って、夾谷へ向かおうとした。

すると介添役を命ぜられた孔子は定公に、

「外交や政治に携わる者は、かならず武力を備える必要があります。なぜならば、武力を使う者は、必ず外交や政治において相手を押える——と私は聞いております。だから、昔から諸侯が国境から外に出るときは、必ず文武の官を同行させました。今度の夾谷の会談でも、絶対に軍隊をつかさどる左右の司馬（軍事をつかさどる官職。左司馬と右司馬の二人がいる）をお連れください」

　と進言した。定公は、

「なるほど。では、そうしよう」

と答えて、文官と、左右の司馬が率いる軍隊を従えて、夾谷へ向かった。

　一方、これに対する斉の国の態度はどうであったろうか。斉の国では、

「孔子は礼はよく知っているが、武の方は駄目だ。だから武力によって脅かしたら、必ずこちらの思い通りになる」

　そう考えた。

　そこで莢夷《らいい》という者たちに武器を持たせて、会談の場所に待機させ、定公や孔子たちを威圧しようとした。

　莢夷というのは山東半島の東の端に住み、かつては斉の国を苦しめたこともある、異民族出身の者だった。

　孔子は会場に着き、莢夷の列を見ると、定公に、

「このようなやり方は礼にかなっておりません。わたしが交渉いたしますが、もし、斉の国の方で応じなければ、この場を退場すべきです」

そう進言した。定公も
「うむ、その通りだ。よろしくはからえ」

そう了解をとりつけると、孔子は斉の国に対して、次のように申し入れた。

「斉の国の役人の方々は、あそこに待機している乱暴者の萊夷を取り締るべきです。斉の国と魯の国の両君主が、和平同盟の会談をしようとしているのに、斉の国の東方の辺地に住む夷《えびす》たちが、武器を持って乱暴するなどということは、斉の君主のなさることではありません。『辺境の者は中央へ口出しや手出しをしない。会談には参加しない。同盟というような仲直りの会談へは、武器などというものは近づけない』というのが原則です。礼というものです。斉の国の君主たる者は、決してそのようなことはなさらないはずです」

これを聞くと、斉の景公はあわてて萊夷を退場させた。

大国を恐れぬ毅然たる孔子の態度に、斉の側は引き下がらざるを得なかった。

（三）

こうして夾谷の和平会談が始まった。

会場には、両国の君主が誓いを交わす壇が、三段の土の階段の上に設けられていた。

二人の君主、すなわち斉の景公と、魯の定公は、両手を前で合わせて壇に登って挨拶し、盃を酌み交わした。

しばらくすると、斉の宰領役が小走りにやってきて、

「和平会談をおなぐさめするために、地方各地の音楽をお聞かせいたしたいと思います」

と許可を求めてきた。

「うむ、よかろう」

景公が許可を与えると、長い羽毛飾りの旗や、お祓い道具、それに長槍や剣、盾《たて》を持った楽人たちが、太鼓をたたきながらやってきた。

これを見て危険を察知した孔子は、すかさず走り寄り、三段の階段を一気に駆け上がると、大声で斉の宰領役に向かって、

「しばらくお待ち下さい。君主が会談する重要な場所に、そのような音楽などは不要です」

と叫んで、きびしく詰め寄った。

公式の席上では、階段を上るときは、両足をそろえて一段ずつ順次に登るのが礼儀であ

る。それなのにいつもは礼をやかましくいう孔子が、階段を駆け上がり、腕を振り上げ、袂《たもと》をあげて、大声で叫ぶなどという、異様な行動に出たのである。

それは、歌舞の楽人たちが武器を持っているという異常な姿に、その奥に隠された斉の国の危険な意図を、孔子が察知したからだった。

事実、斉の国にはこの夾谷の会談の場を利用して、魯の定公を監禁するか、あわよくば暗殺してしまおうという陰謀があった。それを地方の音楽をお聞かせするという名目で、舞楽の進行中にまぎれて実行してしまおうという魂胆であった。

そのために、楽人たちは武器を持った扮装をしており、またその楽人たちの中に、楽人の服装をした斉の武士たちがまぎれこんでいないとも限らなかった。

孔子の直感は、すばやくそれを見破ったのである。

(主君の危機である!)

それには礼法などかまっていられなかった。孔子が階段を一気に駆け上がって、それを制したのは当然であった。

夾谷の会談は、このようにして最初から一触即発の緊迫した雰囲気でスタートしたのだった。

斉の宰領役は、叫ぶ孔子を壇から引き下がらせようとした。

しかし、孔子はびくとも動かなかった。

孔子は眼の前で斉の君主の景公と、随行している晏嬰をじっと睨みつけた。（この晏嬰はかつて孔子が斉の国を訪れて、景公が孔子の仕官を許そうとしたとき、それに反対して、孔子の仕官をストップした宰相である）

しかし孔子は、大勢の人間が並んでいる面前で、いきなり、『この楽人は暗殺者だ』などとわめいて、真相を曝露するような、下手なやり方はしなかった。

そんなやり方をすれば、かえって斉の国の陰謀が大勢の眼の前に出てしまって、斉の国の面目がまる潰れになってしまうだろう。そんなことをして斉の君主の景公を逆上させてしまっては、かえって魯の国から斉の国へ、宣戦を布告するようなものである。

その辺の人間心理の綾についての達人である孔子は、斉の国の陰謀などはそ知らぬ顔で、

「景公は徳の高いお方です。だからこのような礼を失する音曲は、景公の真意とは思えませぬ」

という言い方をした。この無礼な音楽の計画を立てたのは、部下の誰かが、景公の知らないところで勝手に立てたのであって、『景公の責任ではない』と景公の面子《めんつ》を立て、逃

げ道を作ってやったのである。

景公に責任が及ぶのを恐れていた宰領役は、すかさず、

「わかりました。すぐ非礼な者たちを処罰いたしましょう」

と言って、その場で莢の舞楽隊たちや、その中に混じっていたであろう斉の国の武士たちが捕えられ、処刑された。

こうして騒ぎはいちおう治まり、会場は平静になり、会談は平穏に進んで行った。

(四)

しかし、しばらくするとまた斉の役人が小走りにやってきて、

「宮中の音楽をお聞かせしたいと思います」

と申し出た。

「うむ、よかろう」

と今度もまた景公が許可を与えた。

すると、今度は、いわゆるサーカス芸人や、侏儒《しゅじゅ》(小人たち)たちの道化が、戯技を披

露しながら進み出てきた。

それを見ると、またもや孔子はすばやく階段を駆け上がって、最後の一段で立ち止まると、袂《たもと》をからげて、

「このような下賤《げせん》の者たちが君主の前で戯技を演ずるのは、誅殺の罪に値します。どうか、この者たちを処罰するように役人にお命じください」

と景公に申し立てた。

そこで今度も景公は、芸人たちの退場を命じた。

そこで命令を受けた役人は、やむなく法の定めた通りに、芸人や侏儒たちの手や足を切り捨てるという、斬刑を行った。

事態の思わぬ展開に景公は驚き、孔子の大義を主張するやり方に自分が及ばなかったことを、知ったのだった。

こうして夾谷の和平会談は無事終了した。

斉の君主の景公は、心に波立つものを感じていたので、家臣たちに、

「魯の国では、孔子が君子の道をもって、君主の定公を助けた。ところが、斉の国の方は

賤しいやり方に引きずられて、魯の定公に恥ずかしいことをしてしまった。いったい、どうすればよいのか」

と問うた。すると役人が進み出て、

「君子に過ちがあれば、中身のある詫びを入れ、つまらない人間に過ちがあれば、うわべだけの詫びを入れるといいます。わが君がそのようにお思いになるのなら、君子のするように、中身のある謝罪をすることです」

と答えた。

そこで斉の景公は、会談の前に約束した条件を反故《ほご》にすることなく、きちんと履行することにした。すなわち、かつて魯の国から奪った鄆《うん》、汶陽《もんよう》、亀陰《きいん》の土地を魯に返還して、会談の場での非礼を詫びた。

このように、斉の国の国威を恐れずに、礼を主張した孔子の行動によって、会談は魯の国に有利に展開されたのである。

そのため魯の定公は面目を保つことができ、また、三つの領地も返還させることが出来た。

こうして孔子は、夾谷の和平会談において、君主の定公を助けて、見事に会談を成功させた。孔子は定公によって短期間に司寇という高位に抜擢されたが、見事にその任を果たしたのである。

そして、この成功によって孔子の名声は、魯の国だけではなく、春秋時代の諸国の間にも轟くようになった。

第十四章　三桓征伐

(一)

こうして孔子は夾谷の会談で成功を治め、外交上においても手腕を示して、いまや時代の寵児となった。

しかし孔子は、夾谷の会談の成功に甘んじてはいなかった。孔子が手をつけたいのは、魯の国の内政の改革であった。

内政の改革で一番必要なのは、世襲貴族の三桓の勢力を削減することであった。魯の国の君主の権力を強化するには、専横をきわめる三桓の勢力を押えることが必要だったからである。最近やや力が衰えたとはいえ、三桓の本拠地はそれぞれ小高い城壁で守られ、私兵で満ちていた。

季孫氏は、魯の都曲阜の東南百キロメートルの所にある費《ひ》という邑に、叔孫氏は曲阜の西北六十キロメートルの巃《こう》の邑に、孟孫氏は巃の東方の成《せい》の邑に、いずれも曲阜をうわまわる大規模な都城をかまえていた。だからこの三桓の三つの都城を三都と称し、これが君主をないがしろにする三桓の勢力の根拠地なのだった。

そこで、孔子は君主の定公に、三桓の私城になっているこの三つの城邑の破壊を提案したのである。すなわち、

（三都を堕《こぼ》つ）

の政策である。

実現すれば、三桓の力は懐滅し、長らく失われていた定公の、君主としての威厳を取り戻すことができる。だから、この提案に定公が乗ってこないはずはない、そう読んだ孔子は、次のように定公に申し出た。定公十二年（前四九八年）、孔子が五十五歳の時である。

「私にも知行地がありますが、その知行所の中心部は『百雉《ひゃくち》』もありません。また私には私兵もおりません」

『雉《ち》』とは、横が約六・七五メートル、縦が約二・二五メートルの広さのことで、城壁建設における単位である。城邑を正方形とすると、百雉は一辺が約百七十メートル弱程度の小城邑である。小城邑というよりも、陣屋というべきかもしれなかった。だから孔子が知

行していたのは、それよりも更に小さな陣屋ということになる。

ということは、孔子は大臣でありながら、

（私兵も、知行所に大きな城邑も持っておりません。しかし、それでも少しも不都合はありません。だから他の大臣たち、すなわち三桓も、大きな城邑を持っている必要はないのではありませんか）

ということであった。孔子は定公に、

「三桓が私兵を持つことを禁止し、そして、三桓が持つ巨大な城邑を取り壊したらどうでしょうか」

と進言した。これは長い間、三桓の専横ぶりに手を焼き、その勢力を壊滅させようと思っていた定公の意図に、ぴったりと合うものだった。だから定公はただちに、

「うむ、よかろう」

と許可した。

こうして、いよいよ孔子の三桓攻撃が開始されたのである。

これまで専横を極めていた三桓の城邑が取り壊されるということは、すなわち三桓の領地に他人の手が入ることである。これまで考えられもしないことだった。三桓としては面

白くない。不本意だった。

しかし三桓にも、これに反対できない事情、弱みがあったのである。

というのは三桓の当主は、城邑には住まず、国都の曲阜に住んでいた。そして、三桓の城邑には有力家臣を住まわせ、統治を任せていた。しかし最近は、重臣が統治するというよりも、重臣に占拠されてしまったという情勢になり、城邑は三桓の支配が行き届かない場所になりつつあったのである。

それは、三桓の勢力の衰弱につけこんだ、三桓の内部における下剋上を物語るものだった。現に季孫氏の費邑の城は、その後も引きつづき公山弗擾の反乱軍がたて籠って、季孫氏を困らせていた。季孫氏の力で公山弗擾が討伐できないのだった。だから定公がそう言うのなら、

（君主の力で費邑城を取り壊して、公山弗擾を追い払ってしまったほうが、かえって好都合である）

という、季孫氏のお家の事情もあるのだった。

そうしたお家の事情は、季孫氏だけでなく、叔孫氏についても、孟孫氏についても同様であった。下剋上の世相を反映して、いつ、季孫氏における陽虎や公山弗擾のように、叔

孫氏においても、孟孫氏においても、家臣が反乱を起こし、城邑にたて籠らないとも限らなかった。だから、今のうちに城邑を取り壊しておくに越したことはない、ともいえるのである。

(二)

その作戦遂行のため、孔子はまず三桓の中で一番勢力のある季孫氏に接近した。

前述したようにこの頃の季孫氏は、家老の陽虎と公山弗擾が反乱を起こし、陽虎は国外へ亡命したが、公山弗擾は依然として季孫氏の根拠地である費邑城にたて籠っていた。それなのに季孫氏にはこれに対処する人材がいなくて、困っていた。

そこで、孔子は自分の弟子を、季孫氏の筆頭家老として送りこむのに成功したのである。送りこんだのは、子路であった。

子路は孔子の弟子の中で、武闘派の人物である。政治的謀略を行うには、議論ばかりが多くて気迷い気味の人間よりも、即決して果断な行動のとれる人物の方が適している。内政改革のときに、孔子にとって必要なのは、政治能力が十分ある実務派の子路であった。

学究派、理論派の、顔回ではなかった。

そうした意味で、武闘派である子路の人選は、最適人事であった。事の性質によって弟子の性格をよく見きわめ、うまく使い分ける孔子の眼力が読みとれる。

季孫氏の方ではこの人選に驚いた。孔子の高弟が送りこまれてくるのだから、礼楽の大家で、温和な人物かと思っていたのに、武闘派の子路が送りこまれてきたからである。

改革の目的は、三桓の勢力の根源である知行地と、その知行地が持っている大きく堅固な城邑を、取り潰すことである。季孫氏ではその城邑である費邑城を、公山弗擾に占拠されて困っている。その城邑の強固さが、かえって仇になっているといっていい。三桓とも、己れの家臣の専横に手を焼いていた。そうした城邑問題にメスを入れようというのであるから、学究派でなく、武闘派の子路が最適なのであった。

こうした下準備をした上で、いよいよ作戦に取り掛かることにした。

まず、三桓の中では最も勢力が弱い、叔孫氏から手をつけた。叔孫氏の根城は、噬《こう》邑である。そして最初に行ったこの噬邑城の破壊は、比較的すんなりと成功した。

(案外うまくいったわい)

と孔子は胸をなで下すとともに、意を強くした。

次は季孫氏の城である。

季孫氏の根拠地は費邑であるが、ここは公山弗擾によって占拠されてしまっているので、一筋縄ではいかない城邑であった。

しかし、孔子は事前に弟子の子路を季孫氏の家老として送りこみ、

(費邑城のとり壊しを説得する)

という事前工作を行っていたので、季孫氏はそのとり壊しを承諾していた。

そして、費邑城をとり壊せば、そこにたて籠って依然として反乱の姿勢を崩さない公山弗擾を征伐することもできるわけであり、季孫氏としても好都合であった。

そのため季孫氏は進んで費邑城のとり壊しを定公に願い出た。

そこで孔子は、季孫氏の中へ送りこんである子路に協力させ、軍隊で費邑をとり囲んだ。

しかし、公山弗擾もしたたかで、一筋縄ではいかない男だった。公山弗擾はぬかりなく万全の防備を整えると、子路のひきいる軍隊を迎え撃ったのである。

いや、迎え撃ったばかりではなく、逆襲に転じて攻めてきたのである。というのは、公山弗擾に加えて、かねて叔孫氏の当主になりそこねて、不満を持っていた叔孫輒《ちょう》などが一緒に反乱を起こし、その反乱軍が不敵にも、国都の曲阜にまで攻め上がってきたのである。

まさに奇襲であった。

君主の定公と、三桓の当主の三人は、不意を打たれて季孫氏の邸へ逃げこみ、高楼へ登って、やっと難を逃れた。

反乱軍は、それでも更に攻めたて、定公たちが隠れて入っている高楼の建物に、矢がぶすぶすと射ちこまれるほどであった。

しかし、公山弗擾の反乱軍をそこまで攻撃したけれども、結局うまくいかなかった。

その間に孔子は、申句須《しんこうしゅ》の楽頎《がくき》という武将に救援を命じて、やっと反乱軍を撃退することができた。

反乱軍は、公山弗擾を先頭に、東へ敗走した。

孔子の軍勢はそれを約四十六キロメートルも追撃すると、姑蔑《こべつ》という小城邑のあるあたりで、反乱軍を完全に打ち破った。

反乱の主謀者の公山弗擾と叔孫輒は、斉の国へと亡命した。

こうして孔子は、数年来の反乱軍の鎮圧に成功し、費邑城のとり壊しに成功したのである。

（三）

残るのは孟孫氏の根拠地である成邑城だけとなった。成邑城のとり壊しができれば、孔子の念願通り、三桓のすべての根拠城の壊滅ができるわけである。

しかし、そこへとんだ横槍が入った。成邑城は、孟孫氏の名臣として知られている公斂《こうれん》処父《しょほ》が預っていたが、その公斂処父が猛然と反対したのである。

成邑は、国都曲阜の東北、約二十キロメートルのところにあり、斉の国に備えての重要防衛地点である。だから、

（そこにある成邑城を潰すのは、孟孫氏だけの問題ではなく、魯の国の国防上の問題がある）

として、公斂処父は孟孫氏の当主に次のように進言したのである。

「われわれの居城である成邑の城壁を壊してしまえば、隣接する斉の国が好機到来とばかり、東から攻めてくる危険性があります。だから魯の国を守るために、成邑城は絶対必要な城壁です。取り壊すことは出来ません」

たしかに、この意見は正論であった。

公斂処父《こうれんしょほ》の意見に、孟孫氏もうなずかざるをえなかった。

そこで、公斂処父はさらにつづけて、

「さらに本音を申せば、成邑城あってこその孟孫氏です。これまで孟孫氏が権勢を振うことが出来たのも、それを支える成邑城があったればこそといえましょう。成邑城は孟孫氏が生き抜くための基盤です。成邑城がとり壊されれば、孟孫氏も終わりです。孔子はそれを狙っているのです。成邑城のとり壊しに応ずるのは、絶対反対です」

と火を吐くように進言し、さらに、

「すでに叔孫氏、季孫氏の城邑がとり壊されているので、孟孫氏の城だけを残すのが難しいというのであれば、こうしたらどうでしょうか。私が叛乱したと見せかけて挙兵し、成邑城に拠って、城を守ります。孟孫氏の家を守るためには、私はあえて悪者になる覚悟が出来ております」

公斂処父はそう言うと、本当に成邑城にたて籠って抵抗したのである。

そこで定公は、冬十二月、軍勢を率いて成邑城を取り囲み、攻撃した。

しかし、城の守りは堅くて、成邑城を落とすことは出来なかった。

こうして最後の孟孫氏の成邑城はとり壊しに失敗し、孔子は政策を貫徹することができなかった。

しかし、三桓のうち、二氏の城邑を撤去することが出来たのは、改革の前進ということが出来た。これによって魯の君主定公は、兄の昭公以来の悲願であった三桓制圧に、ある程度成功したのである。

これまで魯の国は、三桓の専横に任されていた。誰もが三桓の権勢を押さえることは出来なかった。それを定公がはじめて成しとげたのである。それは定公を支える、孔子の力があったればこそである。

この成功によって、孔子の名声は内外に一段と高くひびき渡った。

（四）

孔子はついに魯の国で一番の実力者となったのである。三桓を征圧した翌年には、ほとんど首相格といってよかった。孔子五十六歳のときである。

孔子はうれしくてたまらなかった。その時の孔子の様子が、

（孔子に喜色あり）

と伝えられている。

孔子は若い頃から、つねに認められることを願って勉学し、努力してきた。その夢が五十六歳にして実現したのである。

この時の孔子は、まさに人生の絶頂期にあったといえるであろう。外交に成功し、内政においても、最後は孟孫氏の抵抗にあったものの、一応の成功であった。

抵抗した孟孫氏を、孔子はそれ以上追いつめるようなことはしなかった。孟孫氏を含めて、三桓の力の侮りがたいことを、孔子はよく知っていたからである。

しかし、三桓の中で最も力のある季孫氏へ、孔子は弟子の子路を送りこんで実権を握っており、三桓に対し、孔子はかなりの支配力を持つに至ったのである。

しかし、孔子は、三桓の征圧だけでは不充分だと思っていた。

やらなくてはならないことが、もう一つあった。それは中央政庁の中の権力関係であった。

すなわち、これまでは三桓の専横のみが眼についていたのだが、それが一応片付いてみると、今度は魯の国の中央政庁の内部が、孔子の眼の前にクローズアップされてきたのである。

孔子はつねづね理想像として、

（君主の定公を頂点とし、定公が魯の国全体の国政を掌握する）

という、政治体制の確立を考えていた。それを乱しているのが三桓だと思っていたのだが、中央政庁の中にも、これを乱している者がいたのである。

それは、中央政庁内の実力者の一人である、少正卯《しょうせいぼう》という人間であった。

少正卯は内務次官クラスの人間であるが、中央政庁での実力者であり、中央政庁の動きは実質的には少正卯の力によって、左右されていた。すなわち、中央政庁の中にも『三桓』に相当する者がいたのである。

三桓と同じように、少正卯も征圧しなければ、中央政庁での孔子の理想を実現することはできない。いわば少正卯は孔子にとって、政敵なのであった。

孔子は司寇《こう》（法務大臣兼警視総監）の立場にあったから、形の上では、少正卯よりははるかに高い地位にはいた。しかし、実務面における実力や、軍事面における軍事力についいては、どうであったろうか。実務を担当している少正卯にはとても勝てないのだった。

（なんとしてでも、少正卯《ぼう》を叩いてしまわなくてはならない）

　と孔子は思った。

　また少正卯は、中央政庁での対立だけでなく、もう一つ私的な面においても孔子と敵対の関係にあった。

　というのは、孔子は自分の家で塾を開いていたが、少正卯も自分の家で塾を開いていたからであった。そして、少正卯の塾も結構人気があり、弟子も多く集まって活気があった。いわば孔子塾のライバルというわけで、孔子としては面白くない。

　こうした公私ともの敵対意識が、孔子の中で次第に、

（少正卯を粛正してしまわなければならぬ）

　という思いが高まっていった。

　そこである日突然、孔子は、

「少正卯は政を乱す者である」

　として死刑にしてしまった。

　その理由として、少正卯について、

心がよくない、
ひがごと（道理にあわないこと）を行った、
言葉が過ぎる、
怪異なことを記していた、
よくないことをした、
の五つの悪を挙げ、それによって少正卯が魯の国政を乱した、という理由にしたのである。

少正卯を処刑した場所は、屋根のついた物見台が階上にある、公門の下であった。これは公然とした誅殺であり、その遺体は朝廷内に、三日も見せしめのためにさらした。この突然の少正卯謀殺事件が、魯の国の中央政庁に与えたショックは大きかった。

しかし、この粛正によって孔子は、三桓と並ぶ中央政庁の政敵を倒したのであり、魯の国における孔子の権勢の座は固まったといえた。

こうして孔子は、君主の定公を援けて、自分の理想とする国勢を展開する態勢を確立させたのである。もともとは知識人として知られていた孔子であるが、現実の実務派としても名声を博す時が来たのであり、孔子の長年の夢が実現したのであった。

ただちに孔子は、内政の成績を挙げるように督励し、事実、孔子の執政のもとに、魯の国はよく治まるようになっていった。

その例をあげれば、魯の国では男女それぞれ分を守り、道を別々に歩くようになった。そして、道に物が落ちていても、拾ってネコババする者はいなくなった。中国では、（落し物を拾ってもネコババする者がいない）というのを、善政の形容として使われるが、この時の孔子の行政がそれだった。

また、小羊や豚を売る商人は、法外な値段で売るようなことはしなくなった。

こうしたことは、道徳政治が行われ、それが商業面にも波及したからだったが、それと並行して、孔子が商売の面へ具体的な善政を施したからだった。孔子は単に机上で学問をしているだけではない、行政の実務面でも、具体的な施策を知っていたからである。

孔子は直接税の減税を行ったのである。それで商人は、子羊や豚を法外な値段で売らなくてもいいようになったのである。たんなる政治理念をあげるだけでは駄目で、それを裏付けする具体的な施策を打ち出し、実行しないと効果はあがらない。これは昔も今も変わらぬ政治の鉄則である。

しかし、直接税が減ると、魯の国の財源としては歳入が不足するわけである。そこで孔子は『節約』という財政抑制の政策を出して、これに対処した。

すなわち、孔子の行政の基本は、財政抑制であった。堅実安定型である。もともと魯の国は、国土はせまく、人間はつつましく生活するタイプで、拡大侵略型ではなかった。だから、節約する財政抑制に向いていた。

財政抑制政策は、魯の国の国民性に合っていたといえる。だから、財政抑制によって物価が安定し、落ち着いてくると、男女は分をわきまえて道を別々に歩き、道に落ちているものを拾っても、ネコババをすることはなく、治安状態がよくなったのである。

孔子は学問の世界だけでなく、現実の政治の世界においても成功したのである。

第十五章　美女軍団

孔子の執政によって、魯の国の政治が安定し、繁栄してきた。

するとこれを喜ばない者がいた。隣国の斉の国である。魯の国の安定、繁栄は、魯の国の国力を強化させる。これは隣接する斉の国としては、脅威であった。

（なんとかして魯の国を叩きのめしてやらなくてはならない）

魯の国をこのような繁栄に持っていったのは、孔子である。

（孔子をなんとかして、政治の中央から締め出してやらなくてはならない）

まして孔子は、さる夾谷の会談で、斉の国の陰謀を見抜き、斉の国は孔子によって恥をかかされ、恨《うら》み骨髄である。斉の国では、魯の国を目の敵《かたき》にすると同時に、孔子も目の敵にしはじめた。

斉の国ではさっそくその対策に乗り出し、謀臣の犂鉏《れいしょ》が積極的な特務工作を、君主の景公に提案した。

それは、魯の国の国政を混乱させるための、謀略であった。魯の国が孔子の主導によって強化されたことを恐れた斉の国が、孔子と、定公や季孫氏たちとの間を、裂こうとしたのである。

犂鉏の提案というのは、次のようだった。

「それには女と馬を使って、魯の国の政治家たちを骨抜きにし、魯の国の政治を攪乱《かくらん》することです」

「うむ、よかろう」

と景公がうなずくと、犂鉏はさっそくその準備にとりかかった。

すなわち、華麗な衣裳を着せた舞楽の上手な美女八十人を、魯の定公や三桓の当主たちに贈ろうという、豪華なものであった。

そのために、とびきりの良馬百二十頭を飾りたて、その馬に引かせた三十台に美女たちを乗せていた。

美女団は、魯の国の城門である東門にやってくると、まず馬を献上した。

そして、東門に堂々たる舞台を備えた、豪華な建物を築いた。その舞台で、華麗な衣裳で飾りたてた美女八十人に舞を舞わせ、魯の国の政治家たちを誘惑したのである。

まず、最初に誘惑の罠に陥ったのは、季孫氏の当主で、内務大臣のポストにある季桓子だった。

季桓子は私服を着て、何度もその舞台をのぞきに行った。そして、すっかり美女舞楽隊の接待に夢中になってしまうと、今度は君主の定公を、

(国都のまわりを周遊されてはどうか)

という名目で誘い出した。

すると定公も、豪華な舞台のまわりで、酒食に酔いしれ、美女たちの色情的な舞のとりこになって、三日間も帰ってこないという始末であった。

まんまと犂鉏の作戦は当たり、魯の政治家たちは、政治をそっちのけにして、酒色にうつつを抜かすようになってしまった。

おそらく犂鉏は、美女の中から、定公や重役たちが気に入った美女を選んで、夜の床にもはべらせたのであろう。

中国の歴史では、美女に溺れて国を滅ぼした王が多い。夏王朝の桀《けつ》王は、妺喜《ばつき》という妖

婦に惑い、殷《いん》王朝の紂《ちゅう》王は、妲己《だっき》という悪女に溺れて国を滅ぼした。周王朝の幽《ゆう》王は、褒《ほう》姒《じ》という女のために、国を傾けている。

孔子の力によって、やっと立ち直りを見せたかに見える魯の君主の定公も、同じパターンに陥ってしまったといえた。

しかし考えてみると、斉の国と魯の国とでは、文化の進歩、文化の質が違っていたのである。一口に言えば、斉の国は大国で、都会の文化を誇り、魯の国は小国で、片田舎にすぎなかった。

斉の国は、地の利を得て産業が盛んであった。海に面していたので、製塩を中心とした経済が豊かで、生活に余裕があった。したがって商業活動も盛んであり、斉の国は基本的には消費先行型の派手な国柄であった。文化の水準も高く、したがって、舞楽、演劇というものも盛んであり、音楽や舞のできる美女も多かったのである。

これに対して魯の国は、倹約を国是とする農業国の、つつましい経済の国であり、華やかな文化とは縁遠かった。

したがって、斉の国が魯の国へ美女舞楽隊を送りこんだということは、節約型経済の国に、消費型経済を導入したことになる。

斉の国の奸計《かんけい》は、魯の国の弱点をうまく突いたものといえよう。農村的で質素、倹約の気風を突きくずすには、欲望を喚起させるのが一番である。一度そこに踏みこんでしまうと、後戻りができない。農村型風習を律していたこれまでの価値観が、とたんに窮屈で、退屈なものになってしまうのである。

魯の国の政治家たちは、斉の国から導入された都会の爛熟した文化の虜となり、政治をおろそかにしはじめたのである。

さながら、国政が悪性のウイルスにとりつかれたといえばよかろうか。ウイルスはじわじわと増殖をはじめ、拡がっていった。そして、君主の定公も、季孫氏の当主の季桓子も、女色に溺れ、国政を省みないようになってしまった。

斉の国の謀略は、見事成功したといえよう。そして、それに伴って孔子の求心力も急速に低下していった。

こうした結果、孔子もついにこのような魯の国の状態と、定公の政治に失望して、魯の国を去ることになった。

孔子が魯の国を去る理由は、二つあった。

その一つは、定公への失望である、定公は専横な三桓を押さえ、君主の権威を取り戻し、政治の王道を歩もうとした。だから孔子は全力をあげて、これを援けた。しかし、定公は途中で美女群に取り囲まれて、政治を投げ出してしまった。

孔子の目ざしているのは、財政抑制による倹約を基本とする善政である。華美な都会型の消費型経済の政治ではない。それなのに、定公は君主自らがその消費経済にどっぷりと浸ってしまったのである。

しかし、倹約型経済であれ、消費型経済であれ、それを治める政治の基本は一つでなくてはならない。すなわち『善政』である。それなのに定公は都会型文化に紊乱《びんらん》されてしまって、善政を忘れてしまっているのだった。

(やはり定公もこれだけの人間でしかなかったのか)

と孔子は失望した。

もう一つの理由は、孔子に対する三桓の巻き返しであった。

孔子は三桓を征圧して、定公に君主としての権威を取り戻させ、それによって孔子も政界で権力を握った。

しかし、それに対する三桓の怨みは凄いものであった。いったん三桓は、定公や孔子の下に屈しているかに見えたが、三桓の底力は強かった。いつの日か、また復活することを目ざしていた。

それが斉の国の美女舞楽隊を機に、動き出したのである。

季孫氏の当主の季桓子は美女に溺れると、定公も巻き込んだ。が、それは定公を孔子の手から取り戻すための、季桓子の作戦だったのかもしれなかった。

さらにまた考えれば、季桓子が美女舞楽隊に没入したのも、自分の色好みからというよりも、定公をそこへ引きずり込むための作戦の一環だったかもしれないのである。

孔子を政治の中枢に引き上げたのは、定公である。その定公の心が孔子から離れてしまえば、孔子の前途は決まったようなものである。三桓は美女舞楽隊を使って、うまうまと孔子の追放に成功したのだと言えよう。

三桓は、自分の権勢の復活のために、魯の国を、斉の国へ売ったのである。汚いやり方といおうか、無節操といおうか、孔子は、情けなく涙が出てきた。それが定公への失望と重なり、魯の政界を退く決意を孔子に抱かせるのだった。

孔子が魯の国の政界を去ったのは、以上のような斉の国の美女舞楽隊を使った、二重三重の謀略によってであった。しかし、よく考えてみると、孔子が政界から追放されなくてはならない状況が、すでに魯の国に拡がりはじめていたといってよかった。

孔子の政治思想は、質素倹約、道徳による治世であるが、いずれも『正しい政治』を目ざしているのだった。しかし、世の中というものは、いつも正しい方向に動くとばかりは限らない。

孔子による倹約の治世が長くつづくと、大衆は息苦しくなってきた。大衆はすべてが聖人君子ではない。

人間というものは勝手なものである。倹約政策によって経済が安定しているときは、それを歓迎する。しかし、つつましい生活、窮屈さ、きまじめな生活ばかりが続くと、次第に息苦しくなり、不満をおぼえるようになる。

たとえ重税を課せられたインフレ政策でも、それで物資が豊かで快楽を味あわせてくれるものであれば、人々はそんな景気刺激経済に魅力を感じるのである。倹約型経済を取るのか、消費型経済をとるのか、これは現代においても未解決の問題である。これは人間論的問題であって、たんなる経済学の問題ではない。

魯の国の場合も、まったくその通りであって、堅実だった魯の国の人々も、快楽の誘惑に抗しきれず、しだいに消費型経済の流れに身を任すようになっていったのである。

そしてその風潮は、国民大衆だけでなく、いまや政治を牛耳る三桓や、君主の定公にまで及んでしまったのである。

孔子は知らぬまに、魯の国の政界だけでなく、人民全体からも、完全に浮き上がっていたといっていいのである。

季孫氏に仕えていた弟子の子路は、現実主義者であったので、その鋭い嗅覚で、いちはやく、こうした状況を察知していた。それで孔子に向かって、

「先生はもう職を辞すべきです」

と進言した。

これを聞いた孔子は、しばらく悩んだ。政界での活躍は孔子の長年の夢であった。これまで君主をないがしろにした三桓の専横な政治を、本来の君主を中心にした政治に戻して、魯の国に仁政を行うことが、長年の孔子の夢であった。

その夢が実現して、孔子は全力を尽して政治に取り組んだ。

しかし、その成功は長くは続かなかった。

孔子が望みをかけていた君主の定公も、斉の国の美女作戦に捕われて堕落してしまい、

その機会に、征圧できたと思っていた三桓によって孔子は足をすくわれ、政界から追放されてしまったのである。

残念ではあったが、世の中の変化は、孔子とても押しとどめることは出来なかった。
孔子は魯の政治体制に深く失望して、ついに職を辞した。
孔子が政権を握って活躍できた期間は、わずか二年あまりで終わりとなったのである。
そして、孔子はこの後、長い放浪の旅に出ることになった。

第十六章　遍歴の旅へ

こうして孔子は、魯の国の改革に挫折し、魯の国の政治に失望し、魯の国から追われる形で、十四年にもわたる遍歴の旅に出るのであった。それは定公十三年、前四九七年、孔子が五十六歳のときから、前四八四年、孔子六十九歳までの、十四年間という長い歳月であった。

世は春秋の乱世である。諸国は群雄割拠の時代であり、その中には陽虎のような権力闘争に破れて亡命する者も少なくなかった。

だから孔子の諸国遍歴は大きな決断であり、大きな冒険といえた。しかも孔子は、すでに五十六歳という老境にさしかかっていた。その年齢を押しての遍歴である。それが十四年間もつづいたのである。

しかし、遍歴の旅といっても、それはたんなる流浪、遍歴ではなかった。この広い天地に、孔子の政策を取り上げ、孔子を登用し、孔子の理想とする『仁』の政治を行う君主、そのような君主のいる国を求めての、国外に新たな活路を切り開かんとする、孔子求道の旅だったのである。

その旅は希望に燃える旅だった。そうでなくては、五十六歳の老身に鞭打って、諸国遍歴の旅など出来るわけがなかった。行き先に光があるからこそ、六十九歳までの十四年間もつづけられたのである。

そういう意味において、孔子は何歳になっても決して理想の実現を捨てない、理想家だったのである。どんな困難があろうともそれを乗り越え、その実現に向かって全人生を賭けていく、人生に対して前向きの、意思の強い人だった。

だからその旅も、ひっそりとしたものではなく、弟子たちをつれたにぎやかな集団旅行であった。

同行者については、数名説から数十名説まであり、定説はないが、孔子には同じ釜の飯を食い、苦楽をともにしてきた弟子たちが大勢いた。その弟子たちが全部同行したわけではないが、子路をはじめ、子貢《こう》、顔回、顔刻、公良孺、冉有《ぜんゆう》、子夏《か》、子游《ゆう》など、大勢の弟子たちが伴をしたことはまちがいない。

彼等の間は、同志以上の固いきずなによって結ばれていた。彼等は遍歴の途上でさまざまな艱難が起こっても決して離れず、師の孔子を支えつづけるのだった。

その中でも、とりわけ側近中の側近、孔子にとってなくてはならないのが、子路と子貢と顔回の、三人の高弟だった。

まず、子路である。子路は一口にいえば武の人間である。すなわち孔子集団の政治、外交、軍事面を担当した。

子路は一時、孔子の弟子であると同時に、三桓の季孫氏の家老をつとめた政治家であり、孔子が魯の国の政庁にあって行政改革を行ったとき、裏面から何くれとなく支援した弟子である。

子路は剣を取れば一流だった。孔子がこれから出発する諸国遍歴の前途には、どんな危険、戦乱が待っているか、わからなかった。孔子集団がいくら文人集団だとはいえ、ある程度の武装は必要だった。時には、相手国との政治的な折衝が必要なときもあるであろう。そのような時に役立つのが、子路だった。

次は子貢である。子貢には経済、財政の力があった。孔子も子貢のことを、

（子貢は金もうけに熱心だし、またその見通しはよく当たる）

とほめている。

孔子集団が諸国を遍歴するには経費が必要であり、その金額は大変な額だった。その財政面の面倒をみたのが、子貢だった。国外へも知名度が高く、人気のある孔子が、大勢の弟子をつれて諸国を遍歴するのである。その中に子貢のような財政的手腕を持った者がいなければ、諸国遍歴を経済的に支えることは出来なかったと思われる。

高弟の三人目は顔回である。子路と子貢が、軍事政治面、財政面と、現実的な実務派として重要であったのに対し、顔回は孔子集団の精神面のブレーンであった。

顔回は孔子よりも三十歳も若かったが、孔子が学問の上で一番信頼し、愛した弟子だった。孔子を精神面で支えた弟子である。

こうして、子路は勇気に満ちた武勇の士であり、子貢は知力にあふれた財政家であり、顔回は仁愛の心を持った学究の者であるという、信頼のできる三人の高弟がそれぞれの役割を分担し、結束を固くした孔子集団の遍歴の旅が始まったのである。

したがって孔子集団は、たんなる文人集団ではなく、武力も財力も備えた、現実の世界に力を持った実力集団だったのである。そのような力があったればこそ、遍歴の途上で起こる様々な困難を克服し、十四年間も遍歴の旅をつづけることができたのである。
さて出国と決まれば、どこの国へ行くかであるが、孔子は最初に、魯の国の周辺で、西北に位する衛《えい》の国を選んだ。
そしてその後、
鄭《てい》、
陳、
などを経て、ふたたび衛へ戻り、また、
蔡《さい》、
楚《そ》、
と渡り、三たび衛を経て、最後に生まれ故郷の魯へ帰ってくるのだった。
遍歴は十四年という長さに及ぶのであるが、孔子の名が天下に知れわたっていたので、孔子は多くの国で手厚いもてなしを受け、君主に謁見して、いろいろ政治上の意見を求められた。
孔子は諸国遍歴しながら、仕官の途を探したが、仕官の途は見つからず、最後は魯の国へ戻ってきた。

仕官できなかったのは、それぞれの国に種々の理由があったからであるが、要は、孔子の説く政治理念が高すぎるからだったといえよう。

孔子が仕官の途を求めたのは、仕官によって権力の座につき、権勢をほしいままにしたいからではなかった。孔子はその国に、

(人民をいつくしむ仁の政治)

を実現したいからだった。

仁の政治を実現するには、政治の中枢に入って、政治に介入しなければ実現できない。頭で考え、思っていただけでは、仁政は実現しない。そのためには孔子は、

(仁の政治を行う君主)

を求めて、広く諸国を遍歴したのである。

しかし、世は春秋戦国の時代。結論的にいうと、そのような君主にめぐり逢うことはできなかったわけである。

第十七章　衛の国にて

孔子が最初に向かったのは衛の国だった。

その頃の衛の国の君主は霊公である。孔子が衛の国へ向かったのは、霊公が即位して三十八年目の年であった。

孔子が最初の行く先を衛の国と決めるには、種々の理由があった。

まず衛の国は、魯の国の周辺（西北部）にあり、行きやすい位置にあった（現在の河北省北部）。

そして、魯の国と衛の国とは、国柄が似かよっていた。すなわち両国とも、歴史は古いが、弱小国であった。

歴史的にみると、魯の国の先祖と、衛の国の先祖とは、兄弟の関係にあった。すなわち両国はその開祖が同じ血族であった。魯の国は、周公旦の子孫が統治し、衛の国は、周公旦の弟（康叔《こうしゅく》）の子孫が統治した国であり、いわば兄弟国といった関係にあったのである。

その国勢を見ると、魯の国も衛の国も、ともに農村型社会だった。すなわち人間が多いのに耕せる土地が狭く、そのため倹約型で勤勉な社会であった。

したがって、農業重視の農本主義的政治家である孔子が選ぶのには、適していた国だったわけであり、そのため孔子は、

（魯と衛の政事《まつりごと》は、兄弟なり）

と言っている。

魯の国の東側にある斉の国は、消費型経済を柱とする商業型社会であったが、西側にある衛の国はその反対の国柄であったのである。

魯の国政は、商業型社会の斉の国からやってきた美女舞楽隊の誘惑によって、堕落させられ、その結果、孔子は国外へ遍歴せねばならぬ破目に追いやられてしまった。そのような意味もあり、孔子が選ぶのに、斉の国とは反対の性格の衛の国を選んだのは、当然といえた。

孔子は衛の国をスタートに、十四年間という長い間各国を遍歴し、自分の理想とする政治を説いてまわるのであるが、その間、ずっと基地となっていたのは、この衛の国であった。

しかし、孔子の遍歴は遊説の旅であり、仕官の途を探す旅である。いってみれば求職の旅といっていい。だから、孔子が衛の国を選んだのには、国情が似ているという理由のほかに、もっと別の理由もあった。それは仕官に連なる縁故だった。

衛の国の君主は霊公であったが、その霊公の側近に、弥子瑕《びしか》という寵臣がいた。その弥子瑕の妻が、孔子の高弟である子路の妻の姉だったのである。そういうコネクションがあったから、衛の国へ行けば、君主の霊公に近づけるという期待が孔子にはあったのである。

衛の国に着いた孔子は、顔讎由《がんしゅうゆ》という高官の家に泊まった。

そして、君主の霊公に接見した。これは、かねて期待していたように、子路の義兄にあたる弥子瑕が、孔子を推薦してくれたからだった。弥子瑕は孔子のことを、かつて孔子が魯の国で司寇（法務大臣兼警視総監）という高位にあり、その時行った政治の実績を霊公へ説明して、賞讃してくれた。

それを聞いた霊公は、孔子を衛の国でも大臣にしようとして、

「魯の国にいた時は、どのくらいの俸禄を得ていたのか」

と俸禄高をたずねた。そこで孔子は、

「粟《ぞく》六万です」

と答えた。六万石とは非常な高禄である。が、霊公はその高禄を孔子に与えたのである。

しかし、禄は与えられたが、官位の方はしばらく無役であった。

無役であったのは、家臣たちが反対したからである。いくら孔子が優れているからといって、このような破格の扱いは、衛の国の家臣たちにとっては面白くなかった。

しばらくすると家臣の中から、霊公の耳へ孔子の悪口を言ったり、孔子を中傷する者が出てくるようになった。

そこでやむなく霊公は、公孫余假《こうそんよか》という男に武器を持たせて、孔子を監視するようになった。

しかし、物事もこうなっては、万事休すである。弟子の子路たちは、こんなことからトラブルが起き、逮捕されたり、殺されたりする事態が起きるのを心配して、

「つまらぬことで命をおとすのは避けるべきです。それよりも陳の国へ行ってみましょう」

と忠告した。

そこで、孔子もこのアドバイスに従って、衛の国をあきらめ、陳の国へ行くことにした。衛の国に着いてから、わずか十カ月足らずで、はやくも衛の国から出ていくことになったのだった。

しかし孔子はこの後、衛の国を拠点として十四年間の遍歴生活をつづけるのであるから、孔子と衛の国とは深い関わりあいがつづくのである。

第十八章　匡《きょう》の難

こうして、孔子は衛の国から、陳の国へ向かった。

陳の国は現在の河南省東部にあった。宋の南にある小国で、北方の晋、南方の呉や楚から、たえず安全をおびやかされていた。

その陳の国へ行く途中で、孔子はある災難に会うのである。

これを世に「匡《きょう》の難」という。

孔子が衛の国から陳の国へ行く途中、宋の国の領内にある匡《きょう》という城邑にさしかかったときであった。匡は、衛の国都から西南へ約四十キロメートルほどにある街である。

孔子の集団は突然、町の人々に取り囲まれて、逮捕され、投獄されるという災難にあったのである。

その原因は、孔子の車の御者をしていた、弟子の顔刻の発言にあった。顔刻が匡の城壁の壊れたところを鞭で指して、

「昔、陽虎がこの匡を襲ったとき、私はあの城壁の壊れたところから押し入ったのですよ」

と、なにげなく言ったのである。

顔刻は、今は孔子の弟子となり、孔子の御者をつとめているが、以前は陽虎に仕えて、その御者をしていたのである。

陽虎はこれまで述べてきたように、かつて魯の国で季孫氏の家老をしていた、孔子の敵であり、孔子のライバルであり、魯の国で叛乱を起こして、国外へ逃亡している人間である。

その陽虎が、かつてこの匡の町へ押し入って略奪を働いたことがあった。

その時顔刻は、陽虎の車の御者をしていたが、その城壁の壊れたところから侵入したのである。その侵入した城壁の壊れが、今もそのまま残っていたので、顔刻が思わず、

「昔、あの城壁の壊れたところから押し入ったのだ」

と、口走ったのである。それを聞いた町の人々が、

（また陽虎が押し入ってきた）

と勘違いして、大騒ぎとなったのだった。

そのため不幸にも孔子たちは、町役人によって捕えられてしまったのである。

さらに不幸なことに、孔子の容貌がどことなく陽虎に似ていたので、孔子はすっかり陽虎とまちがえられてしまい、五日間も厳重に監禁されるという破目に陥ってしまった。

弟子たちは震えあがった。しかし孔子は、毅然とした態度で次のように弟子たちをさとした。

「周の文王（周を建国した武王や、周公旦の父で、周が王権を得る実質的な準備をしたといわれる人物）が亡くなってから久しいが、しかし、その文化の伝統は私のなかに受けつがれている。天がもし、周の文化を滅ぼしてしまおうとするのなら、私をここで殺してしまうであろう。だが、そんなことがあろう筈がない。だから、匡の役人たちが私を殺すことなど出来るはずがない」

自信に満ちた孔子の言葉に、弟子たちは安心した。

やがて、匡の役人の誤解も解けて、孔子たちは釈放され、無事に危機を脱することができた。

しかし、陳へ向かう途中でこんな災難に遭ってしまったので、孔子は陳へ行くのはとり止め、ふたたび衛の国へ引き返した。

この危機のどさくさで、弟子の一部が散り散りになり、一時生死がわからぬようになる者もいた。高弟の顔回もその一人だったが、幸い顔回は混乱から脱し、衛へ戻る孔子のところへ後から遅れて追いつくことができた。

孔子は顔回の顔を見るとよろこんで、

「顔回、もしかしたらお前は死んだのかと思って、心配したよ」

と言うと、顔回は、

「先生がおられるのに、どうして先生より先に私が死ぬものですか」

と答えた。

第十九章　南子に会う

こうして、孔子はいったん陳の国を目ざしたが、断念して、ふたたび衛の国へ戻ったのである。

ところが、その頃の衛の国の朝廷は、愛欲と淫乱で、乱れに乱れていた。

衛の国の君主は霊公であったが、霊公は弥子瑕《びしか》という側近を寵愛していた。しかし、寵愛といっても、ただの寵愛ではない。男色の相手として寵愛していたのである。

弥子瑕は前述したように、孔子の弟子の子路と、義兄弟の関係にある人物である。すなわち弥子瑕の妻が、子路の妻の姉だった。

霊公がそんな異常な愛欲関係にあったので、それにつれて霊公の正夫人の南子も、異常な愛欲関係に溺れていた。

南子は美しいが淫乱な女だったので、宋朝《そうちょう》という有名な美男子を公然と愛人にし、寵愛していた。

しかしこの宋朝は、南子が宋の国から嫁入りする以前から、南子と愛人関係にあったという美男子だった。霊公は自分が弥子瑕と異常な愛欲関係にあるために、正夫人の南子が、昔の恋人を公然と愛人にしているという異常事態を、認めていたのである。

すなわち衛の国の宮廷は、君主と正夫人が、互いに公然と異常な愛人を持ち、愛欲に明け暮れていたわけであった。

このような状況を、もっとも憤慨したのが、皇太子の蒯聵《かいがい》だった。

ある日、蒯聵が宋の国（南子と宋朝の生まれた国）を通ると、次のような百姓たちの歌声が聞えてきた。

めぶたの種とりすんだなら
おいぼれおぶたは帰すがよい
……

「めぶた（雌豚）」とは母の南子を指し、「おぶた（雄豚）」とは、南子の愛人の宋朝を指しているように聞こえた。

しかし同時にこの歌は、蒯聵《かいがい》の出生の秘密について語っているようにも、蒯聵には思われた。すなわち蒯聵は皇太子になってはいるものの、果たして霊公の子であるのか、それとも宋朝の子であるのか、疑えば、それさえわからなくなってくるのだった。

蒯聵はこの歌を聞いたとき、非常に恥ずかしく思い、この国の政治を乱す原因となっている母の南子を、暗殺してしまおうと思った。

そこで蒯聵は、この母親殺しの計画を、家臣に命じた。

しかし、家臣の臆病から計画は失敗し、そのため蒯聵は皇太子の位を捨てて、宋の国へ、そしてさらに晋の国へと亡命してしまった。

それ以後、衛の国は長い紛争に巻きこまれるのであるが、孔子が衛の国に戻ってきたのは、ちょうど蒯聵の南子殺人事件でごたごたしている最中だったのである。

孔子の一行が衛の国へ戻り、国都の帝丘（河北省濮陽《ぼくよう》県の西南）へ向かって、蒲《ほ》という街を通っている時だった。

公叔という一族が蒲城を根拠地にして、衛の国に反乱を起こすという事件が起こった。そのため孔子集団は、反乱軍によって城内に監禁されてしまった。

するとその時、弟子の公良孺《こうりょうじゅ》が孔子の前に進み出て進言した。公良孺は自分の車を五台も連ねている豪の者で、身体も大きく、頭もよく、また武力もある男だった。

「この前、先生のお伴をしておりましたとき、匡で災難に会いました（匡の難）。が、またそれと同じような難に出遭ったのです。わたしは黙って災難を受けるわけにはいきません。わたしはこれから先生のために戦って、討ち死いたします」

そう言って、反乱軍に向かっていった。

その戦いぶりがあまりにすさまじかったので、反乱軍の方も恐れをなして、

「孔子よ、あなたが衛の国都へ行くのでなければ、ここから解放しましょう」

と、妥協案を出してきた。それに対して孔子がどんな返事をするのかと、弟子たちが固《かた》唾《ず》を呑んで見守っていると、孔子は平然と、

「わかりました。国都へは行きません」

と誓った。

それで孔子集団は、蒲城を東の門から出ることができた。

しかし、蒲城から出た孔子は、平気で衛の国都へ向かったのである。

弟子の子貢が、反乱軍が追撃してくるのを心配して、

「約束を破って大丈夫ですか」

と聞いた。すると孔子は、

「なあに、あんな約束は強要された約束だよ。そんな約束など守る必要はない」

と言って、平然としていた。

それのみならず、国都へ近づくと、孔子を迎えに出てきてくれた衛国の君主の霊公に向かって、

「はやくあの蒲城の公叔を討ちはらった方がいいですよ」

と進言したくらいであった。


こうして孔子は無事、衛の国へ戻ってきた。

今度は蘧伯玉《きょはくぎょく》という高官の家に泊まった。最初、衛の国へ来たときは顔讎由《がんしゅうゆ》という高官の家に泊まったが、今度は蘧伯玉のところに泊まったのである。

蘧伯玉は大変思慮深い人で、たとえば、

(年が五十という年齢になっても、それまでの四十九年の人生に反省すべき点があれば、反省をする)

といった謙虚な人生観の持ち主だった。

だから孔子は、衛の国の高官である史魚《しぎょ》と、この蘧伯玉の二人を比較して、

「史魚はまっすぐな人物である。道義が守られている時代にも、見失われている時代にも、一本の矢のように生きている。しかしその点、蘧伯玉は違っている。道義が守られている時代には、表に出て手腕を発揮したが、道義が失われたとみるや、後に退いて才能を現さなかった。これこそ君子の生き方である」

と評していた。

すなわち、世が乱れたときには、その中に捲きこまれることなく、いったん距離を置いて冷静に対処すべきであるという、沈着、思慮深さに、孔子は魅かれたのであろう。

孔子はこの後も長い間、諸国を遍歴するのであるが、その間、何度も衛の国へ立寄っている。いわば衛の国を諸国遍歴の根拠地としているのであるが、その都度蘧伯玉のところに宿泊した。それは孔子が、このような蘧伯玉の人柄に魅かれていたからであろう。

なお、孔子が遍歴の拠点とした衛の国についてもう一言付言すると、高弟の子貢が商才に秀で、孔子に仕えながら、曹国と魯国の間を舞台に、商売をしていたことも関係しているると思われる。子貢はそこであげた利益の一部分を、孔子のいる衛の国都へも運んできた

からである。

子貢の商売の主たる営業地は、各国の国都であったが、曹の国都の陶邱《とうきゅう》（山東省定陶県西北四里）と、衛の国都の帝丘（河北省濮陽《ぼくよう》県西南三十里）との間は、中間に黄河をはさんで約百六十キロメートルの距離である。したがって子貢は、曹の国を中間点にして、商売で稼いだ収益を、魯と衛の両国へ分散蓄積したものと思われる。

その中の子貢が稼いで衛の国へ持ってくる収益が、孔子集団の経済的基盤だったのである。孔子が、政治的紛争の絶えない衛の国を、あえて遍歴の根拠地とした理由は、この点にもあったのである。


さて、こうして衛の国へ戻ってきた孔子の上に、孔子の生涯にただ一度だけ記録に残っている「女性問題」が発生した。

その問題の女性とは、君主霊公の正夫人の南子であった。

ある日、南子が孔子のところへ使者をよこして、

「会いたいから、来てくれ」

と申し入れてきた。

なぜ、南子は孔子に面会の申し入れをしてきたのであろうか。

いくら南子が男好きの淫乱な女性であっても、まさか孔子を愛欲の対象として会おうとしたとは考えられない。すでに孔子は五十七歳と老境に入っており、南子が欲するような若い男ではない。その上孔子は大男である上に、容貌もいかつい顔で、宋朝（南子の愛人）のような美男子ではない。いくら南子といえども、愛欲の対象として孔子を選ぶはずがなかった。

では、南子の目的は何であったのか。

南子は時あたかも、皇太子の蒯聵《かいがい》から宋朝との愛欲関係を糾弾され、苦境に立っていた。自分を守ってくれる援軍がほしい。もし孔子が味方になってくれたなら、これほど心強い味方はない。そういう意味において、孔子は恰好な人物といえた。

孔子が衛の国へ来たのは二度目である。

前回の時は、君主の霊公は孔子に高禄を与えたが、家臣たちに反対されて、孔子は国外へ追放されてしまった。だから今度孔子が衛へ戻ってきても、霊公がもう一度、孔子に好意的な手を差しのべてくれるという保証はなかった。その辺の事情を南子は読み取って、

（だから、わたしが申し出れば、必ず孔子は応ずるにちがいない）

と、孔子の取り込み作戦に南子は出たのだった。

それに対しては、孔子の方にも計算があった。

たとえ南子が愛欲のスキャンダルにまみれているとはいえ、南子はなんといっても君主霊公の正夫人である。力がある。孔子の登用に反対する家臣たちを、押さえる力を十分南子は持っているはずである。

そこで孔子は、南子に会いに出掛けた。

南子の前に出た孔子は、頭を地につけて謁見の礼拝をすると、帷《とばり》の中に座った南子が挨拶を返してよこした。

そのとき南子の身体がゆれて、腰につけていた飾り玉が、さわやかに美しい音をたてたのが、孔子の耳に伝わってきた。

これは貴婦人の身体の動きによって、自然に鳴った飾り玉の音なのか、それとも南子が孔子の心を捉えようとして、わざと鳴らした媚態なのか、それははっきりしなかった。

学問だけにこり固まった堅物の孔子が、容易に陥落しそうにないのを見て、南子が媚態を示したのか、それとも孔子をちょっとからかってみたのか。南子のような女性なら、やりそうなことである。

その飾り玉の音色に対して、孔子が毅然としてなんらおかしな反応を示さなかったのはもちろんであるが、一瞬、その場に妖しい雰囲気の漂ったことは事実であった。

こうして、南子との面会は終わったが、帰ってくると、一番弟子の子路は不機嫌で、

「なぜ、あのようなふしだらな女性に会いに行ったのですか」

と詰問した。武力派で、純粋で、正義感が強い子路としては当然の問いであった。すると孔子は、

「もしわたしの行ったことにやましいところがあるのなら、天は黙ってはいないであろう。天はきっと私を見捨てるにちがいない。わたしには少しもやましいところはないから、大丈夫だよ」

と答えた。

この答えで子路が満足したかどうかは別として、その後の孔子と南子との関係はうまくいき、したがって霊公もふたたび孔子を迎え入れてくれたのだった。

それから暫くして、孔子は霊公に招かれた。

（これから車で都をパレードするから、それに加われ）

という指示であった。

霊公と南子は、孔子をパレードに参加させて元気づけてやろうとしたのかもしれないし、また、世に名高い大学者を引きつれて人々に見せびらかして歩く、パトロンの喜びの心理であったのかもしれない。いずれにしても、大した悪意があるとは思われなかった。孔子はパレードに加わることにした。

一台目の車には霊公と南子が乗り、それに宦官《かんがん》も付き人として添乗した。

孔子は二台目の車に乗り、街の中をパレードした。

霊公と南子は異常な愛欲のスキャンダルで、街のうわさになっている人間である。その二人が恥ずる気配いもなく、車の中ではしゃいでいる。

(なんとまあ、君主たるものがいい気なものだ)

街の人々は、好奇の眼を輝やかせてパレードに見入った。

すると、その後に、学問で名高いあの大学者の孔子の車がつづいているではないか。

(へえ、あれが世に名高い孔子先生か。世に名高い大学者だというのに、どうして大淫乱の霊公や南子の後にくっ付いているのかねえ)

(大学者といっても大したことはないね)

そうした街の人々の嘲笑の声が、孔子の耳には聞こえてくるようであった。

パレードが進むにしたがって、そんな屈辱感で孔子も次第に憂鬱になっていった。

パレードから帰ると、孔子はぽつりと弟子に向かって、

「美女を愛するほどに徳を愛する人間は、なかなかいないものだ」

となげいた。

孔子はこの日のパレードによって、霊公への期待が冷《さ》めてしまった。また霊公の方も政治を怠って、孔子を重用することもなく、孔子はすっかり衛の国が嫌になってしまった。

しかし、孔子はあくまでも政治への志を捨てていなかった。

「衛の国が駄目でも、もしどこかの国がわたしを使ってくれるのなら、一年間もあれば政治の成果をあげ、三年でその国の政治を完成させてみせる」

と意欲のほどを見せていた。

ちょうどそんな頃であった。晋の国で、佛肸《ひっきつ》という高官が反乱を起こした。

そのため晋の国の君主が、人材を補強するために、孔子を召し出そうと声がかかってきた。孔子は、

「うむ、ちょうどいい機会だ。すぐに任官に応じよう」

と乗り気になった。

しかし、弟子の子路にたしなめられて、晋の国へは行かなかった。

だが、機会があれば他の国へ出ていこうと、孔子は闘志を燃やしていた。


さてここで、母親の南子を殺害しようとして失敗し、国外へ亡命した皇太子の蒯聵《かいがい》の運命について、簡単に記しておく。

君主の霊公はやがて薨《こう》去するのであるが、その後任には、霊公の遺言によって、

（蒯聵の子供の出公）

が君主の座についたのである。皇太子の蒯聵が亡命しているのであるから、止むをえない、当然の処置であった。

しかし、亡命中の蒯聵にはこれが面白くなかった。たとえ亡命中といえども蒯聵は、

（君主の継承権は自分にある）

と考えていた。

そこで蒯聵は、衛の国へ帰国しようとした。

しかし、新しい君主の出公は、これを拒否した。出公の背後に、南子の力が動いていたことはもちろんである。

こうして衛の国では、父と子が君主の座を争うという事態が、起きてしまったのである。

しかし、蒯聵は君主の座をあきらめなかった。その後も長い亡命生活をつづけながら、君主の座の奪還を狙っていた。

そしてある日、ついに奇襲戦法によって、蒯聵は君主の座を奪還したのである。

そのため、今度は出公の方が追われて、亡命する運命になってしまった。

君主の座奪還戦争において、蒯聵の敵となって戦ったのは、孔悝《こうかい》であった。

孔悝は蒯聵の姉の子供であるが、出公の家臣で、衛の国の実力者であった。

この時、孔悝の知行所の長官を、孔子の高弟の子路が勤めていたのである。そして子路は戦争に加わり、敢然と蒯聵軍に立ち向かって、ここで戦死してしまうのであった。

しかし、この時、孔子はすでに七十三歳になっており、十四年の長い遍歴を終わって魯の国へ帰り、晩年の生活を送っている時であったから、ずっと先の話である。

とにかく蒯聵は、こうして長年の雌伏の末、やっと衛の国の君主になることが出来、荘公と称した。

しかし、荘公には人望がなく、在位わずか三年あまりで晋の国軍に攻められて、他国へ逃亡する破目に陥ってしまった。

その後君主の座には、名ばかりの君主が二人ほど立つのであるが、いずれも他国へ追われたり、家臣の圧力で捕えられたりして、長続きしなかった。

そこで一年後に、斉の国へ亡命していた出公がふたたび衛の国へ戻って、君主の座についた。出公が、父の蒯聵に追われて亡命してから、四年の歳月がたっていた。出公は七年間、君主の座を続けることができたが、しかしこれはずっと先の話である。

第二十章　桓《かん》魋《たい》の難

さて、時を今の時点に戻して、衛の国の君主霊公と、正夫人の南子の、好き勝手な淫乱状態に愛想をつかした孔子は、衛の国を出て、今度は曹の国へ向かったのである。

孔子は五十八歳になっていた。

ちょうどその頃、故郷の魯の国では君主の定公が薨去し（前四九五年五月）、その子の哀公が君主の座についた。

孔子は曹の国へ向かったけれども、曹の国では受け入れられなかった。

そこで陳の国へ向かった。

陳の国へ向かって、宋の国を通り抜けようとした時であった。世に「桓《かん》魋《たい》の難」といわれる災難にあったのである。

第一回目の「匡の難」につづき、第二回の難というわけであった。「匡」が地名であるのに対し、今回の「桓魋《かんたい》」は人名である。

司馬桓魋は宋の国の貴族で、軍政長官とでもいう役に就いていた。

桓魋は君主に寵愛されており、羽振りがよかったが、孔子のことを、

(宋の国へ入って、政治の仕組みを変えようとする危険な思想の持ち主である)

と考えていた。

だから、もし孔子が宋の国へ入って仕官するようなことにでもなれば、宋の国にとっては油断のならない人間である。ましてや孔子が登用され、君主に重んじられるようなことがあれば、寵臣である桓魋の地位が危くなる。そう心配した桓魋は、孔子を殺してしまおうと思ったのである。

孔子は宋の国へ入ると、一本の大きな樹の下で、弟子たちと礼の訓練をしていた。

孔子はどんな時でも、学び、教えるということを怠らなかった。とくに礼という学問は、それを実際に行って身につけておく必要があったから、実技の演習を怠らなかった。

するとそこへ桓魋が、孔子を殺そうとやってきて、孔子たちが集まっている大樹を切り倒したのである。

孔子の集団は危うく樹の下敷きになって、全員が死ぬところであった。危く一命は取り止めたが、身の危険を感じた弟子たちは、

「はやく逃げないと危険です」

と孔子をうながした。すると孔子は、

「天が私に、世の中を救う徳をさずけているのなら、桓魋ごとき者が、私にどれほどの危害を加えることができようか。危害など加えられはしまい」

と泰然として答えた。

これはほぼ一年前に匡の難にあったとき、

(自分は天から、文化を守り、天下を治める徳と使命をさずけられているのだから、殺されるようなことはない)

と、毅然と返事をしたのと同じ、信念にみちた態度であった。

しかし、やはり孔子は身の危険を察知して、すぐその場から立ち去った。そして陳の国へ行くのをとり止めて、鄭の国へ向かった。

さて、この桓魋には五人の兄弟がいた。

その中の四人は桓魋を中心にして党派を組み、力を持っていた。その中の一人、向巣《しようそう》

は、宋の国の正規軍を率いて、鄭の国を討ったりしていた。

しかし、一番下の司馬中は、この四人組を嫌って別行動をとり、孔子の弟子になっていた。だから司馬中はいつもこの兄たちのことを恥じて、

（人には誰でも親しい兄弟があるのに、わたしにはそのような兄弟がない）

と嘆いていた。

孔子が大樹の下で桓魋に襲われたとき、そのときの孔子集団の中に、この司馬中がいたかどうか、それははっきりしない。

しかし、孔子が無事に桓魋の毒牙から逃れることが出来たのは、その時の孔子集団の中に司馬中がいて、必死に孔子の命乞いの嘆願と説得を、兄の桓魋にしたからではなかったかと思われる。

なお、桓魋はこの事件の後、ある問題を起こすのである。衛の国の大叔斉という人間が、重婚などの女性問題でトラブルを起こして、宋の国へ亡命してきた。そして美しい珠を桓魋に贈って、桓魋の家臣になった。

その珠があまりに美しいという噂を宋の君主が聞いて、

（その珠を献上するように）

と桓魋に命じてきた。

しかし、桓魋はこれを拒絶した。

そのために桓魋は君主の怒りを買って、身が危うくなり、国外へ逃亡し、結局、反乱を起こすという運命を辿るのであった。

第二十一章　陳蔡の難

(一)

危く桓魋の難を脱れた孔子は、陳の国へ行くのはあきらめて鄭の国へ向かった。そしてその後しばらく鄭の国に滞在した。孔子が魯の国を出てからすでに四年の歳月が流れており、孔子は五十九歳になっていた。

その鄭の国に滞在している時であった。

孔子が弟子たちとはぐれて、迷い子になってしまったことがあった。

(さあ大変だ!)

と弟子たちが必死に探しまわったが、なかなか見つからない。

そこへ、一人の老人が通りかかったので、弟子の子貢《しこう》が、

「わたしたちは先生を探しているのですが、どこかで見かけませんでしたか」

と、孔子の恰好を説明して、聞くと、老人は、

「そう言えば、鄭の東門にそれらしい人がおりましたよ。たしかに顔は、古代の聖人のような尊い顔をしておりました。しかし、見るからにやつれ果てていて、その有様はまるで喪家《そうか》の犬のようでしたよ。とても大先生などには見えませんでした」

と教えてくれた。

喪家の犬とは、「家が喪中なので面倒を見てもらえない犬」のことで、一般に餌が与えられないのでやつれて元気がない犬、という意味に使われる言葉である。

「ありがとうございました」

子貢たちがお礼を言って、東門に駆けつけてみると、やつれはてた孔子が城門によりかかって休んでいた。

「先生、どうなさいましたか。心配いたしました」

と、さっきの老人の話をすると、孔子は、

「その老人はたいした眼力の持ち主だな。わたしの顔つきはともかくとして、喪家の犬とは、まさにそのものずばりではないか。よく見れば、君たちだって同じようなものじゃ、ハッ、ハッ、ハッ……」

と大らかに笑いとばした。謹厳な孔子にも、こんな磊落《らいらく》な一面があったのである。

しかし「喪家の犬」には、もう一つの意味がある。「家を喪《うしな》った犬」という意味である。すなわち家を失った野良犬のことである。仕官する当てもなく、諸国を歩きまわっている孔子のことを、家を失った野良犬という意味もこめて、さっきの老人は、

（喪家の犬のようだ）

と揶揄《やゆ》したのである。

しかし、孔子は心の中で、

（この老いぼれめ、お前にはちっともわたしの心がわかっていない）

と思っていた。孔子が諸国を遍歴しているのは、たんに仕官を求めて歩きまわっているのではなかった。

（自分の理想を実現できる国）

それを探して歩きまわっているのだ。だが孔子の理想とする、

（仁の政治）

を実現する君主が、今のような戦乱の時代には、なかなか見つからないのである。たとえ君主がその気になっても、家臣が反対する。

しかし、孔子は諦めてはいない。仁の政治を行う君主が見つかるまで、孔子は諸国を探すつもりなのである。だから、ただ孔子は野良犬のようにうろつき廻っているわけではなかった。仁の政治が実現する国を求めて歩いているのである。

だから、たとえ孔子が「喪家の犬」に見えようとも、孔子には痛くもかゆくもなかった。志は高いのである。孔子が、

(喪家の犬とは、まさにそのものずばりじゃないか、ハッ、ハッ、ハッ……)

と哄笑した中には、そうした孔子の志の高さも、高鳴っていたのである。

孔子はしばらく鄭の国に滞在したが、また衛の国へ帰った。

衛の国でも、やはり仕官をすることはできなかった。

そこで、北にある大国の、晋の国へ行こうと考えた。

晋の国でも、他の国と同じように下剋上の風潮が強く、六人の家臣が実権を握っていた。そして、その家臣の間に争いが起きたりして、とても孔子が行けるような状態ではなかった。

孔子は黄河のほとりまで行ったが、晋の国へ行くのをあきらめて、ふたたび衛の国へ

戻ってきた。
しかし、衛の国でも依然として仕官の途は開けそうにもなかった。

（二）

孔子が最後に行こうとしたのは、南の大国である楚の国であった。
当時の中国は、
東に斉の国、
西に秦の国、
南に楚の国、
北に晋の国、
と、東西南北に四つの大国が控えていた。
その中の楚の国をめざして、孔子は旅立ったのである。前四九〇年、孔子は六十三歳になっていたが、依然として意気軒昂であった。
衛から楚に行くには、その中間にある陳の国を通らねばならなかった。

その陳の国の南側に、蔡の国があった。陳の国も蔡の国も、小さい弱小国であった。そのため周囲の大国から、すなわち南側の楚の国や、楚の東側の呉の国や、また北方の強国である晋の国などから、代わる代わる痛めつけられていた（ちなみにこれから十数年後の孔子の死去した時には、陳は楚によって滅ぼされてしまうのだった）。

そこで孔子は、楚へ行く道順として、まず陳の国へ向かい、陳の国にしばらく滞在することになった。

そして、陳の滞在中に、孔子に関係の深い二つの事件が起こったのである。

その一つは、衛の国の霊公が薨《こう》じたことである。時は前四九三年の四月で、孔子が六十歳のときである。

霊公の後継者としては、前述したように皇太子の蒯聵《かいがい》ではなく、孫の出公が君主の座についた。それは蒯聵が、淫乱な母の南子（霊公の正夫人）の暗殺を謀って失敗し、国外へ亡命していたからである。しかし、君主の座をあきらめきれない蒯聵は晋の国を後楯とし、出公の方は斉の国に助けを求めて、この後、父と子が互いに君主の座を争う泥沼へ、陥っていくのである。

二番目の事件は、その翌年（前四九二年）の七月、魯の国で、三桓の中で一番力を持っている季孫氏の当主の、季桓子が死亡したことである。その後へは順当に子供の季康子が、当主となった。孔子が六十一歳のときである。

死ぬとき季桓子は、子供の季康子に、

「わたしが死んだら、お前はわたしと同じように、この国（魯の国）の大臣になるであろう。そうなったら、あの孔子を呼び戻して、仕官させるようにせよ」

と遺言した。

そこで季康子は父の遺言通りに、孔子を、季孫氏へ仕官させようとした。すると家臣たちがこれに反対して、

「孔子はかつて魯の国で高官に任官したのに、途中で政治を放り出してしまって、魯の国を出奔し、いま各国を流浪している者です。そんな孔子を任官させて、また同じような仕打ちを受けたら、季孫氏は笑い者になります。ですから、せっかく父上の遺言とはいえ、お止めになった方がいいでしょう」

と言うのだった。

考えてみれば、かつて孔子が定公に登用されて司寇（法務大臣兼警視総監）の位についたとき、政治の姿勢を正そうとしてやった大改革が、三桓の専横を押さえることだった。

そのために季孫氏の費邑城も取り壊されてしまった。いわば季孫氏からみれば、孔子は政敵でもあったのである。

（たしかに家臣たちが言うように、孔子はわが家の敵なのだ。そんな者をふたたび任官させる必要はない）

季康子もそう思うものの、しかし、父の遺言を無視することもできない。

「では、どうしたらよかろうか」

と問うと、家臣は、

「孔子の弟子に冉有《ぜんゆう》という者がおります。孔子の代わりとして、その冉有を任官したらどうでしょうか」

と孔子の弟子の冉有を推薦した。

冉有は孔子よりも二十九歳も若く、三十二歳であった。これなら孔子が任官するよりも、御しやすい。

そこで季康子はこの案を受け入れ、冉有を任官することにした。

この申し出を受けると孔子は、自分の弟子が季孫氏に任官できることをよろこび、ただちに承諾した。そして、

「季孫氏が冉有《ぜんゆう》を招いてくれたのは、さぞかし重要な仕事があってのことであろうから、つまらない仕事をさせて、その才能をつぶしてしまわないように、大きな仕事をさせて、その才能を育ててほしい」

と注文をつけた。

しかし、冉有が任官されたいきさつを聞いてみると、最初は孔子が遺言で指名されていたのに、孔子は拒否されて、冉有になったのである。すなわち、魯の国では孔子を依然として敬遠しているのである。

孔子は故郷の魯の国を離れて、すでに五年の歳月が流れている。孔子の心には、望郷の想いが少しずつ芽生えはじめていた。しかし、まだしばらくは孔子が魯の国へ帰れないことが、今回の冉有任官事件ではっきりしたわけである。そう思うと、冉有の任官は孔子の望郷の念を急にかきたてて、

「ああ、魯の国へ帰りたいなあ、帰りたいなあ」

と、孔子はため息をつくのだった。

そして、それは望郷の念ばかりではなかった。故郷の魯の国には、残してきた若い弟子たちが大勢おり、また冉有のように任官する者もいる。彼等の志は大きく、意気は盛んで

ある。

（織布を例にとれば、ただ志が大きく、意気が盛んなだけでは、大きな布を織ることは出来ても、織り上がった布をどう裁断すればよいのか、それがわからない。それを教える人間が必要である。だからわたしが帰って、指導してやりたい）

と若者への教育熱が、ふつふつと孔子の身体の中にたぎってくるのだった。

弟子の子貢は、そんな孔子の気持ちを察して、冉有が魯の国へ向かって出発するとき、冉有へ、

「魯の国へ帰って任官したら、先生も魯の国へもどれるように運動してほしい」

と頼むのだった。

しかし、いまの魯の国は孔子を敬遠している。孔子の帰国を拒否している。いくら孔子が帰国を望んでも、帰国できる状態にはなかった。事実、孔子が魯の国へ戻るまでには、さらにこれから十年近い歳月を遍歴しなければならなかった。

このようなことをしているうちに、孔子の陳での滞在は思いのほか長くなってしまった。

が、そんな頃（前四九一年）、長江（揚子江）の下流で勢力をのばしてきた呉の国が、陳の国へ攻めこんできた。そのため陳の国では国内が乱れ、食糧が欠乏し、孔子も弟子た

ちも非常に苦しんだ。

(二)

ちょうどそんな時、幸運なことに、南の大国、楚の国の君主から孔子のところへ招聘《しょうへい》が来たのである。

楚の国は中原から遠く離れた長江(揚子江)の中流にあり、未開の後進国といわれていた。しかし実際は、独自の文化を持ち、開明な君主といわれる昭王のもとで、発展をつづけていた。

その昭王からの招聘であり、孔子は楚の国へ急ぐことになった。

さて、楚の国へ行くには、その途中で、蔡《さい》の国を通らなければならない。

このとき孔子は、遍歴中の第三回目の難である『陳蔡の難』に遭ったのである。

陳の国と蔡の国は、たえず楚の国からの圧力に苦しんでいたので、孔子が楚の国へ向かうのを見て、陳と蔡の首脳部は、

(孔子が楚の国へ行って任官し、孔子の力によって楚の国がさらに強大になっては、我が

国のためにならない）

　と心配した。

　そこで陳と蔡は共謀して、孔子一行を楚の国へ行かせまいとして、陳と蔡の国境付近で、軍勢をもって孔子一行を取り囲んだ。

　軍団に包囲されて、孔子一行は身動きが出来なくなり、食糧は完全に断たれて、飢えと疲労で倒れる者が続出するようになった。

　包囲は厳重だったので、いつ終わるかわからなかった。食糧もなくなった孔子たちは、野の草を摘んで食べては、餓えをしのいだ。弟子たちは体力も衰えて、病気を患う者も出てきた。

　しかし、孔子は、そのような状態の中でも、礼楽の練習をすることを止めなかった。

　それを見た短気で一本気な弟子の子路が、血相を変えて、

「先生のような君子でも、このように困ることがあるのですか」

　と詰め寄った。孔子が本当に君子であるのなら、こんなに困ることはない筈ではないか、という皮肉だった。すると孔子は、

「君子だって困ることがあるのは当然である。しかし、君子と小人が違うのは、小人は困

ると取り乱して何をするかわからなくなるが、君子は取り乱すようなことはない、そこが違うのだ」

と子路をたしなめた。

もちろん、孔子とても心中穏やかであったわけではない。だから、いちおう子路に対してはそう答えたものの、次に子貢や顔回には、

「でも、わたしの考えが間違っているために、このような難事に遭ってしまったのだろうか」

と尋ねた。それに対して子貢や子路もいちおうの返事をしたけれども、その答えは孔子を満足させるものではなかった。しかし、弟子の中では一番孔子が信頼する顔回が、

「先生の歩む道こそ、まことの人間の歩む道です。ところが世間の人々には、それがわかっていないのです。先生はそんな人々の考えに惑わされずに進むからこそ、真の君子なのだと思います」

と答えると、孔子は深く満足して、

「顔回よ、わしもその通りだと思う」

と答えた。

その顔回は食べられる野草があればだまって摘んで、食事の用意をしていた。しかし、孔子だけには野草の入らない米のご飯を炊いていた。

ある時、その釜の中にごみが落ちた。ごみの落ちたご飯を孔子に差し上げるわけにはいかない。そうかといって、この窮乏のときに、せっかく炊いたご飯を捨ててしまうのも、もったいない。どうしようかと顔回は困った。

そこで顔回は、ごみのあるところを捨てて、残ったご飯はもったいないので食べた。ところがそれを孔子が遠くから見ていて、

(顔回はわしのために用意した飯を、盗み食いしているな)

と思った。

しばらくすると、顔回が新しく炊いたご飯を持ってきたので、孔子は知らぬふりして、

「食べ物は清潔でなくてはいけないよ」

と、遠まわしに注意した。すると顔回はその言葉の意味をすぐ悟って、自分がご飯をすくって口に入れていた理由を説明した。

孔子は自分が誤解していたことを知り、顔回に、

「すまなかった」

とわびると同時に、弟子たちに、

「人間の目や心というものは、このようにまことに頼りにならないものだ。弟子たちよ、よく覚えておけ。人を本当に知るということは、非常にむずかしいことなのだ。このわたしですら、もっとも信頼している顔回を疑ってしまったのだ」

と教訓をたれたという。

陳・蔡の軍団の包囲はなおもつづき、孔子たちはおいつめられたが、知略にすぐれた子貢がひそかに包囲を抜け出して、楚の国に援助を求めた。

知謀のある子貢は、おそらく金の力によって包囲軍の一部のグループを買収したのか、あるいは子貢が親しい商人たちの独自のルートを使ったのかもしれないが、子貢はうまく包囲を脱出して楚の国へ走り、君主の昭王に訴えたのである。

孔子を楚に招聘したのは、昭王自らである。その孔子がそのような目にあっているとは、昭王は事態の重大さに驚いて、すぐ軍隊をくり出して、孔子たちを救出してくれた。

こうして孔子一行は、楚軍の力を借りて、やっと窮地から脱出することが出来たのである。

第二十二章　楚の国へ行く

(一)

孔子の一行は楚軍に助けられて窮地を脱し、楚の国へ向かうことができた。

前四九〇年、孔子が六十三歳のときである。

楚へ行く途中に、葉《よう》という城市があった。

葉は楚の国の勢力範囲にあり、楚の国から派遣されている、楚の将軍の沈諸梁《しんしょりょう》が治めていた。

沈諸梁は葉城の首長なので、自らを「葉公」と称していた。

孔子は葉城を訪れ、その葉公と会ったのである。

さて、葉公と称している沈諸梁であるが、「公」といえば、普通は国君のことである。

しかし、この春秋の時代、公認で「葉」という国はなかった。

したがって葉公といっても、それは葉という国の君主ではなく、楚の国の葉城の長官でしかなかったのである。

すなわち、沈諸梁は国君でもないのに、人々に「葉公」という君主のような権威のある呼び方をさせていたわけである。沈諸梁はこの時代きっての賢人であったので、（以前は、国境沿いの上にあった蔡の地を、今は楚の領地として治めている）という、難しい任務についていたのである。その難しい任務を遂行するには、葉公という君主の権威が必要だったのであろう。

葉公も孔子の政治活動は知っていたので、孔子に会うのをたのしみにしていた。

葉公は孔子に会うと、政治に関する意見を求めた。そこで孔子は、

「近隣の民心を得られれば、遠くの人も慕ってやってくるでしょう」

という意見を申しのべた。蔡の国を楚の国が占領して、「その地に残っている蔡の遺民を治める」という難しい仕事をしている葉公の、心情を察しての孔子の言葉だった。

そんな話がきっかけとなって葉公との話がはずみ、世に有名な次の問答を交わすことになったのである。すなわち葉公は、孔子に次のような話をした。

「わたしの領内に直躬《ちょくきゅう》という非常に正直者がおりました。その父親が羊を盗んだことが

ありましたが、彼はその事実をすすんで証言したのです」

そう話して、葉公は自分の治めているこの葉の城市では、いかに法が徹底して守られているかということを、力説したのである。それに対して孔子は次のように答えた。

「わたしの国の正直者は、父の盗みを証言するようなことはいたしません。父親は子供をかばい、子供は父親をかばいます。そういう自然の人の情けに従うのが、正直ということではないでしょうか」

もちろん孔子は、親の盗みを子供が隠すことを、いいといっているわけではなかった。しかし、葉公のように、世の中というものは、法ばかりで治まるものではない。いわゆる
（道徳で治めること）

も必要なのではないかということを、孔子は言いたかったのである。すなわち、

（人の世を律するのは法律か道徳か）

という、古くて新しい本質的な議論ということができよう。

しかし、葉公にしてみれば、いまやっているのは、いわば楚が蔡の国を領し、その占領政策をやっているわけである。道徳で治めるという、そんな生ぬるいことでは、占領政策

はとても出来ない。法律でびしびし律していかないと、しめしがつかない。

すなわち、道徳よりも法律を優先せざるをえない状況だったのである。そのためには親子の情などかまっていられない、ということなのであろうが、

（しかし本当にそれでいいのであろうか）

という問題を、孔子は自分の故郷の魯の国をたとえにして、話したのである。

（たとえ占領政策だといっても、その中には道徳がなくてはならない。国を治める真髄は、道徳と法の中間にあるのですよ）

と、孔子は葉公をいさめたのだった。

さきほど孔子が葉公に、

（近隣の民心を得られれば、遠くの人も集まってやってくるでしょう）

と言ったのは、近隣の者が領主の恩恵を受けてよろこべば、遠くにいる者もその道徳的すばらしさを聞いて、その領主を慕って遠くからでもやってくる。人々は領主の道徳性（人民へのいつくしみ）を慕ってやってくるのであって、法律施行のきびしさを慕ってやってくるのではない、ということを言ったのである。

たとえ占領政策という難しい行政をやっていても、道徳性のない政治、仁の心のない政

治では、本当に人民を服従させることはできないということを、孔子は言いたかったのである。

孔子が楚の国へ着く前に葉公と会ったのは、

(もし葉の国に仕官することが出来るなら、楚の国でなくてもいい、零細国の葉でもいい)

と思ったからだった。

諸国を遍歴しても、なかなか仕官する国が見つからなかった。だから孔子が狙う国も、最初は大国から中級国へ、中級国から小国へと、残念ながらランクが下がってきていた。

(だから葉国だっていいではないか)

しかしそうは思うものの、葉公と実際に会って問答してみると、このように法律規律思想と、道徳的秩序思想と、政治理念が根本的に異なっていることがわかったのである。

(やはり、わたしと葉公とでは、志がちがう。志を低めてまでして、葉公に仕えてはならない。そもそもわたしは楚の国の昭王から招聘を受けているのだから、やはり楚へ向かわなくてはならないのだ)

そう自らを鼓舞すると、孔子は楚の都へ向かって旅立った。

（二）

孔子の一行は楚の軍隊に守られて、無事、楚の都の郢《えい》に入ることができた。

昭王は孔子が気に入り、さっそく孔子に高い禄を与えて、召しかかえようとした。

どの程度の高禄かというと、一万七千五百家のある土地を与えようとした。

当時は二十五家をもって一里という単位を作り、それぞれに社を立てていた。その七百社分という待遇である。七百社でなく三百社だったという説もあるが、いずれにしても一民間人に対する待遇としては、破格のものである。

しかし、昭王が孔子にそのような破格の待遇をしたのには、それなりの理由があったのである。

その頃（春秋時代）の楚の国は、長江（揚子江）の中流から上流にかけての広大な地域を制圧していた。その後、すなわち戦国時代には長江の下流地域も治めると同時に、さらに南下して領域を拡大し、中国のほぼ南半分を支配する強国になるのであった。中国古代史時代は、北方の黄河流域を中心に展開したが、それに対して楚の国は長江流域の南方

（現在の中国領土の全体からいえば中間地帯）を領したわけであった。

しかし、そのような広大な地域を領していたとはいえ、北方系の人間から見れば楚の国は、

（黄河流域こそが中国文化の中心であり、長江から南という楚の地域などは、蛮人の住むところにすぎない）

という認識であった。

そのために、民度の低い楚の国は、北方の「礼」の文化を取り入れて、民度を上げたいという願望が強かった。そこで楚の国の昭王は、孔子の持つ「礼の文化」に目をつけたのだった。

孔子は「礼」について一流の専門家であり、それを世間がひろく認めていた。その孔子を昭王が召し抱えるということは、

（楚の国も野蛮な国でなく文明国であることを、内外に示す絶好の政策）

だと、昭王は考えたからである。そのため七百社という破格の待遇を与えたのである。

しかしその昭王の考えに、断固として反対する者がいた。宰相の子西であった。

子西の眼から見れば、昭王はまだ若く、したがって昭王の考えは甘く、理想論にすぎな

いからだった。現実政治を担当して苦労している子西の目から見れば、昭王などは政治的には若僧にすぎなかった。

（礼の文化を抱えこみ、上の方から楚の国を文明化する）

などという、哲学青年、文学青年のような書生論が、このきびしい時代にはナンセンスであることを、子西は一番よく知っていた。国を現実に動かしているのは、文明とか礼とかではなくて、軍事的実力なのである。

（平和とか、文化とか、既成の秩序維持を唱えていれば、他国から侵略されることはない）

という天下泰平の書生論こそが、国家の存在を危うくするものであることを、子西たちはよく知っていた。

そこで、子西が重臣たちを代表して、昭王へ、次のように反対の意見を述べた。

「孔子は昔の周王朝を理想としている者です。しかしわが楚の国は、かつて周王朝からは文化程度の低い野蛮国として扱われてきたではありませんか。今やわが楚の国は、営々と国力を強め、中原に覇を唱える大国であります。だから、周王朝を尊敬しているような孔子を、いまさら招いて登用する必要など、ないのではありませんか。それにまた、孔子が登用されれば、その大勢の弟子たちも重臣の地位につくようになるでしょう。が、そのようなことは楚の国のためになりません。いまの楚の国に必要なのは、周王朝を理想とすることでも、孔子の得意とする『礼の文化』を広めることでもありません。必要なのは政治力と軍備であって、孔子の重んじる礼や義ではありません」

子西はそう明確に言い切ったのである。

そもそも孔子の理想論がこれまでに成功したかといえば、祖国の魯の国でさえ失敗しているではないか。孔子は魯の君主定公に一度は実力を認められて、司寇というポストにまで昇った。しかし、三桓との政争に敗れて、国外に逃げ、諸国遍歴の旅をつづけている。いわば成功者というよりは、失敗者である。

（その失敗者が大国の楚の国へまでやってきて、政治につべこべ口を出す資格など、ないのではないか。我々からすれば迷惑千万である。孔子のような者が首をつっこんでくるから、我々の国の政治がうまくいかなくなるのだ。君主は実際の政治の現実を知らないから、うかうかと孔子の論説を受け入れてしまうが、我々はそうはいかない。頭でっかちの孔子などにこの国を任せたら、えらいことになる）

子西の現実論は、痛烈なものだった。だから子西はさらに、

「もし、どうしても孔子を登用し、庇《ひさし》を貸して母屋《おもや》を取られたいというのなら、この子西の首を斬ってからにしてください」

と、強く昭公に申し出たのである。

この明確で強烈な現実論には、昭王も返す言葉がなく、ついに孔子の登用を断念した。この昭公の登用中止は、たんなる登用中止というにとどまらず、孔子に対しての、ある決定的な烙印を押す結果になったのである。

というのは、これまで孔子がどの国でも受け入れられなかったのは、君主が登用しようとしても、権力を握る家臣や利権を持つ派閥が、孔子のような外部から入ってくる人物を嫌って、受け入れなかったからである。その国の重臣たちの嫉妬とか、自分の地位を奪われることへの恐怖などの、個人的な理由が多かった。

しかし、今回の子西の反対は、個人的反対だけではなく、

(孔子の学問への理論的反対、原理原則的批判)

という、孔子の学問に現実性がないという、一般論として現れてきたのである。それが孔子にとっては痛かった。

いまの楚の国は、戦乱時代の雄だということがいえよう。子西のいうように、孔子の政

治理念が楚の国に合わないということは、言ってみれば、
（孔子の理念が、戦乱の時代そのものから「ノー」を突きつけられた）
ということであり、いわば、
（孔子の理論の非現実性）
がはっきり指摘されたということである。
これは孔子にとって手痛い問題だった。
孔子の遍歴中で、これほど痛烈な批判を受けたことはなかった。
孔子の顔は次第に憂愁の色を濃くしていった。

第二十三章　隠者に会う

孔子は各国を遍歴しているあいだに、多くの隠者に出会っている。

隠者とは、本来なら世に出て活躍できる知識や能力を持ちながら、あえて世に出ず、目立たぬように隠れて暮らしている人のことである。俗世を見切り、山野に親しみながら、超然と生きている、そういう隠者が大勢いたのである。

孔子と隠者たちとの出会いは、孔子に、

（人間とは、何ゆえに、何のために生きるのか）

という深い問いを投げかけ、孔子の思想や生き方を進化させるのに、役立ったと思われる。

孔子は、若い頃から政治に関心を持ち、そのために勉学に励み、学問の力によって政治の世界で活躍したいと志す、いわば政治的人間である。そして、これは孔子だけでなく、世の知識人は常になんらかの形で、政治や行政にかかわっていた。

　しかし、知識人のすべてが政治的人間だったわけではない。政治を嫌い、政治に背を向け、政治に介入しないことが純粋だ、と考える知識人もいた。そうした知識人を、中国では隠者と呼んでいた。

　そのような隠者たちが時々ひょいと現れてきては、孔子のような政治的人間をきびしい眼で批判したり、また皮肉ったりするのだった。

　楚の国を遍歴しているときにも、孔子は接輿《そつよ》という隠者と出会っている。接輿というのは本名ではなく、あだ名である。すなわち「車（輿《こし》）に接する男」という意味で、人が車に乗って通ると、すぐその車に付いて歩くという、変人めいた行為をするので、いつしか接輿と呼ばれるようになったのである。

　その接輿の横を、ある日孔子が車に乗って通りすぎた。すると、すばやくそれに目をつけた接輿が寄ってきて、孔子を鳳《おおとり》になぞらえて、次のように歌ったのである。

「鳳よ、鳳よ、徳のすたれたこの世の中に迷い出て、政治などに手を染めているのはどうしてなのか。これまでのことは過ぎたことなので、諫《いさ》めようとは思わないが、これからのことは、まだどうにでもなるよ。政治などはもうお止めなさい。お止めなさい。いまは政治などに手を出す時ではない」

六十歳をすぎても、なお政治への道を切り開こうとする孔子を鳳に見たてて、そう風刺したのである。そんな隠者のたわごとなどは、

「ふ、ふ、ふん……」

と鼻であしらっておけばよいのに、孔子はわざわざ車から降りてきて、

（なぜ自分が流浪遍歴しているのか）

その理由をまじめに説明しようとした。

しかし、接輿は孔子を避けるように逃げ去ってしまい、二人はそれ以上話し合うことはできなかった。

そんな孔子の生《き》まじめさに、正面から衝突しては大変だと、接輿はすばやく逃げ去ったのであろう。

年老いても、まだ青年のように意気高らかな孔子の一面を物語るエピソードである。

またある時、長沮《ちょうそ》と桀溺《けつでき》いう二人の隠者が、並んで畑を耕している横を、孔子が通りか

かったことがあった。

この二人の名前も本名ではない。「沮《そ》」（湿地）も、「溺《でき》」（小便）も、農作業で足が泥だらけということであり、又「長」と「桀」は、身体が大きいことを表わす言葉である。本名がわからないとき、その身体の特長を仮の名前とする言い方である。

孔子の一行は河川のほとりまでやってきたが、渡し場がわからない。そこで孔子は子路をやって、渡し場のありかを二人の隠者にたずねさせた。すると長沮が、

「車に乗って、手綱を取っているのは誰かな」

と聞くのだった。子路が、

「孔子と申します」

「ああ、あの魯の国の孔子かい」

だがその調子には、『あの有名な孔子かい』という、讃美というよりも、若干嘲笑の気味があった。隠者特有の少し臍《へそ》曲がりな雰囲気である。

「その通りです」

「孔子ほどの博学の士なら、われわれに道など聞かずとも、知っているであろうが」

と、取りつく島がなかった。

そこで子路は、もう一人の桀溺《けつでき》に向かって同じように道を尋ねると、

「そういうお前さんは、一体誰なのかね」

「子路と申します」

「孔子の弟子かね」

「そうです」

「よいかな。世の中というものは、すべてこの河のように滔々と流れ去っていくのだ。誰もその流れを押しとどめることは出来ない。そうよ、たとえ孔子がいくら頑張ったって、出来はしない。お前さんも、『君主を選り好みしている孔子』などに仕えているよりも、われわれような世間を捨てた人間に仕えた方が、身のためではないかねえ。考え直した方がいいよ」

皮肉そうに言って、農作業の手を止めようともしなかった。

彼等の考え方は、こんな乱世非道の時代に、何事かをなさんとあくせくしても、どうなるものでもない。自然の道理にしたがって生きていけばいい、というものである。それなのに、あくせくと仕官の道を求めている孔子をあざ笑っているのだった。

子路は仕方なく引き返してきて、その旨を孔子に報告した。それを聞くと孔子はいささ

か失望して、

「世間を捨てた生活の方がいいといっても、まさか鳥や獣といっしょに暮らすわけにもいかないだろう。わたしはやはり世の中を捨てるわけにはいかない。人間の可能性を信じて、この世の中で生きていきたいと思う。あの二人の隠者のような生活をしたいとは思わない。人間として生まれたからには、この世の中の人々といっしょに生活しないで、いったい誰と生活しようとするのか」

孔子の生きる姿勢は、前向きで、積極的なのであった。

孔子が抱いているのは、徹底した現実の世界への関心だった。世の中が乱れているから世を捨てて隠れて暮らそうというのではなく、乱れているからこそ、その乱れを「仁」の政治によって正していこうという姿勢であった。同じ教養人、知識人といっても、孔子のような政治的人間と、長沮や桀溺のような隠者的人間とでは、結局、平行線をたどるのであった。

では、なぜ接輿とか、長沮、桀溺のような隠者が生まれたのであろうか。

彼等は、なんとなく厭世的な気分に陥ったから隠者になったというよりも、そこに何らかの社会的背景があったのではなかろうか。すなわち隠者は、戦争難民や、政治の失敗によって被害を受けた人達の中から、生まれたのではないかと思われる。

孔子は楚の国に入る前に通った葉の城市あたりで、とくに多くの隠者に会っている。この地域はかつて蔡の領土であったものが、楚によって領せられている、いわば占領地なのである。蔡の国が他へ追いやられたのに、住民たちは付いて移動せず、そのまま今の土地に残っている、いわば蔡の遺民というわけである。祖国を失った悲しみや絶望が、彼等を厭世的人間にし、彼等をして、才能を隠して隠者として生きる道を、選ばせているのではなかろうか。

だから、彼等の孔子に向けられた眼差しが、いっそう厳しくなるのは当然だった。政治の失敗や、祖国を失った悲惨さを、肌身で感じている彼等は、

（孔子がのこのこ他国へ出掛けてきて、自分の理想とする政治思想を押し付けようとする）

そのやり方に、複雑な思い、反感を持っているのにちがいない。

（現実の政治はそんな甘いものではないよ。孔子よ、お前さんにはそれがちっともわかっていない）

という刺《とげ》のある隠者の眼が、孔子へ向けられているのである。

現代に例えるならば、企業が倒産し、リストラされて苦難をなめている失業者に向かって、現実離れした理想論を説いてまわっている経営コンサルタントに対する、拒絶の眼ざしに近いといえるかもしれなかった。

第二十四章　帰　国

孔子は多くの国々を遍歴し、懸命に自分を売りこんだが、ほとんど成功しなかった。その国の君主は孔子を理解してくれても、重臣や家臣が妨害したからだった。孔子が登用されれば政治の体制が変わり、自分たちの権力が失墜するのを恐れた私欲のためだった。しかし、今回の楚の国の反対は、たんに子西の個人的利害だけでなくて、(楚の国の政治の方向と、孔子の政治理念とが合わない)ことを孔子は知ったのである。

すなわち孔子の理想政治が、現実政治によって否定されたといっていい。これまでのように孔子が個人的に嫌われたのではなく、孔子の政治理念が理論的に否定されたのである。

孔子の諸国遍歴はたんなる求職活動ではなかった。戦乱の世の中に一国でも、

（仁の政治）

が行われる国を念じて遍歴していたのである。いくら戦乱の世とはいえ、一国ぐらい、仁の政治が行われる国があってもいいのではないか。君主が覇権を争って戦乱を起こし、その下で人民が犠牲になるだけでは意味がない。

孔子がこれまで礼を学び、学問に打ちこんできたのは、ただ学問が好きだった、だけではない。たんに立身出世したいからでもなかった。政界入りして権力の座につき、権力をふるいたかったからでもなかった。自分の手で、

（仁の政治）

を行いたかったからである。

そのような君主を探し、そのような国を探して、諸国を遍歴していた。しかし、そのような国は一国もなかった。たとえ君主一人が理解してくれても、その国の現実政治がそれを許さなかった。

孔子の政治理念がよいとわかっていても、それが今の世の現実政治に生かされる可能性がないことを、楚の国の拒絶によって孔子ははっきり知ったのである。ついに、

（もはやわたしの諸国遍歴もこれまでだ）

と、長い遍歴放浪の末に孔子は悟ったのである。すると、かつて陳に滞在していたとき
に感じた、
(ああ、魯の国へ帰りたいなあ、帰りたいなあ)
という望郷の念が、にわかに泉のように孔子の胸にわき上がってきた。
そのため孔子は楚の国での仕官をあきらめた。そして、いったん衛の国へ引き返した。
孔子六十三歳のときである。

衛の国では前述したように、君主の座についた出公と、国外に亡命している蒯聵《かいがい》(出公の父)との、父と子が君主の座を争う混乱の最中にあった。

孔子はその混乱状態に対して、

「たとえ父(蒯聵)が亡命しているとはいえ、現に父がいるのであるから、子たる者(出公)が君子の座についたことは、よろしくない」

と、出公が君主の座にいることに批判的であった。そのために孔子は弟子たちに、

(名分を正す)

すなわち、

（名と実を一致させることが、政治をする上での根本である）

ことをよく教えた。

こうして楚の国から戻った孔子は、そのまま衛の国に四年間ほど滞在することになった。しかし、これまでの孔子の遍歴の旅は、まったく無駄だったわけではなかった。たとえ遍歴者とはいえ、独得の思想を持ち、一度は魯の国で高官の地位にあり、そして大勢の門人を従えた孔子であったから、行く先々の国で、理解者と、庇護者がいた。もちろん、ときには辛い想いをしなければならないときもあったが、しかし、期待以上に優遇されることもあった。衛の国の霊公をはじめ、諸国の貴族たちとも会見して、問答もかわしたりした。

孔子は機会を捉えては、自分の学問、理想、仁の政治の理念を、吹きこんできた。逆境にあっても孔子はそれにめげず、その逆境を積極的なものに転換していこうと努力した。

孔子は常に世に出る道を探し求めたのである。だから孔子はたえず、

（売らんかな、売らんかな、我は賈《こ》を待つ者なり）

と言っていた。

（わたしは買い手を待っている）

というわけである。だから、

（もし、誰かがわたしを用いてくれるならば、一年だけでも結構だ）

と言っていた。

しかし、ついに孔子の前に買い手は現れなかった。孔子の悲願は達成されなかったのである。

しかし、ここで注意しなくてはならないのは、孔子が買い手を探しているといっても、買い手ならどんな買い手でもいい、ということではないことだった。

（いい買い手）

でなくてはならないのである。いい買い手とは、孔子の理想が実現できる買い手、すなわち、

（仁政を行う名君）

でなくてはならないのである。いくら高い値段、好条件の買い手でも、仁政を行わない君主へは、孔子は自分を売らなかった。

だから、孔子に買い手がつかなかったというよりも、買い手はついても、孔子の方が売らなかったといった方が、よかったかもしれないのである。

そして悲痛な心情を吐露する。（朝、聖人の道を説く声が聞けたら、私は夕に死んでもかまわない）と。すなわち孔子は、最後まで自分の理想を曲げなかった、強烈な理想主義者だったのである。

その頃、孔子の祖国である魯の国では、君主の定公はすでに死亡し、子の哀公が君主になっていた。

そして、御三家の三桓でも、筆頭の季孫氏では当主の季桓子が死んで、子の季康子の代になっていた。その季康子には孔子の弟子の冉有《ぜんゆう》が執事として仕え、信頼を得ていた。すると、斉の国が、突然、魯の国へ攻め込んできたのである。そのとき斉の軍勢を迎え撃って、魯の国に勝利をもたらしたのが、孔子の弟子の冉有であった。

季康子は冉有に向かって、

「よく戦ってくれた。お前はどうしてそんなに戦争に強いのか。それは生まれつきの才能なのか。それとも戦争のことを誰かに教わったのか」

と聞いた。すると冉有は、

「それは師の孔子から学んだのです」

と答えた。冉有の気持ちの中に、そろそろ老境に入った師の孔子を、なんとかして祖国の魯の国へ戻してやりたいという思いがあり、機会を狙っていた。そうした孔子への思いが、このような冉有の答えとなったのであった。

この頃になると、君主の哀公や季康子たちにも、孔子を祖国へ呼び返そうという気持ちが動きはじめていた。とくに季康子には、かつて父の季桓子から、

（孔子を迎えて、厚く用いよ）

という遺言もあったから、

「孔子が学問だけでなく、軍略にも強いのなら、孔子を呼び戻せないものだろうか」

と、冉有へ尋ねた。冉有は内心しめたと思い、

「それは十分可能でしょう。しかし、どうせ世の中の人たちは孔子をいろいろ中傷するでしょうから、あなたがその中傷に左右されないことが必要です」

と答えた。

こうして冉有の働きによって、孔子の祖国への帰国が実現することになったのである。

そこで、季康子は孔子に使者を送り、

「魯の国の国老（政治顧問の役）にお就きいただきたいと、君主の哀公さまが申しておら

れます」

と伝えた。

すると孔子の胸に、ふたたび、

（帰らんか、帰らんか）

と、望郷の念が堰を切ったようにこみ上げてきた。

こうして孔子は、最後の遍歴滞在国であった衛の国から、なつかしい魯の国へ帰ることができたのである。

それは紀元前四八四年、魯の国の哀公十一年のことであり、孔子は六十九歳になっていた。孔子が五十六歳で魯の国を出発してから、十四年間も諸国遍歴したことになる。

しかし、孔子が魯の国に戻り、国老という待遇を受けたからといって、六十九歳の孔子が官界に戻るわけにはいかなかった。それに魯の国も他国と同じように、戦乱をくぐって生きのびねばならぬきびしい現実政治を強いられており、孔子の「仁の政治」を受け入れる余地はなかった。

しかし、孔子は希望を捨てていなかった。

（仁の政治の実現は永遠の課題）

である。たとえいま実現できなくても、いつかはこの世に実現させなくてはならない。いつかは、そのような君主、そのような国が現れないとも限らないのである。

その日のために、孔子は「仁の政治学」「仁の政治理念」「礼の学問」にさらに磨きをかけ、伝えていかねばならぬと、そう強く決意したのである。

そのために孔子がやるべきことは、弟子の教育であった。

弟子を教育し、弟子を通して、孔子の学問を後世に伝えるのである。

（弟子の教育こそ、これからの自分の仕事である）

そう悟ったとき、孔子は突如として、忘れていた周公旦のことを思い出して、

「あっ……」

と自分でも驚くほどの声をあげた。

それは久しい間、周公旦の夢を見ないことに気がついたからだった。

若い頃から孔子は、周や魯のルーツである周公旦を敬愛し、周公旦が創った周の文化を伝えようと、学問に励んだ。そのためにときどき周公旦の夢を見た。しかし、

（最近は久しいこと周公旦の夢を見なくなってしまった）

と、はたと気がついたのである。

（それは自分は老いて、疲れてしまったからなのか。それとも現実の世界に足をすくわれて、理想を失ってしまったからなのか）

愕然として、孔子は自分自身を反省し、

（これではいけない）

と、自分の心に鞭打った。

（権勢欲にまみれた世の中が自分を受け入れてくれないからといって、理想を捨ててはならない。ふたたび周公旦の夢を見るようでなければならない。それには多くの弟子を教育することによって、その弟子を通して自分の理想を実現していくことだ）

そう思うと、孔子の心は晴れ上がった空のように、明るく、高々と澄み切って、希望が湧いてきた。

（さあ、一日もはやく故郷に帰ろう。故郷では若者たちがわたしを待っている。溢れる意欲をもてあましている若者たちが待っているのだ）

そう希望で心を湧きたたせ、孔子は魯の国に帰ってからの余生を、弟子の教育に全力を注入するのだった。若者を教育して、自分の理想を将来に託したのである。

第二十五章　斉の内乱

孔子は六十九歳にして、十四年ぶりに故国の魯の国へ帰ってきた。

君主の哀公のはからいで、国老、すなわち政治顧問として迎えられてはいたが、しかし、それは一種のステータスのようなもので、官職というものではなかった。だから現実の政治に携ることはなかった。

時には、君主の哀公や、季孫氏の季康子などから、政治についての質問があると、それに答えて、政道を説くこともあった。

哀公が、

「民心を得るにはどうしたらよいか」

と尋ねると、孔子は、

「正しい人物を、曲がった人物より上位に置くことです」

と答えた。また季孫氏の季康子が、

「そもそも政治とは何なのか」

と聞くと、孔子は、

「政治の政とは、すなわち正ということです。すなわち執政者であるあなたが、正しい行動をとることです」

と答えた。

孔子は魯の国においてだけでなく、どこの国へ行っても「仁」の政治を説いた。すなわち、孔子の教えは為政者にとっては、

（権力者のモラル）

の教えであった。

だから帰国後の孔子は、魯の国の若い為政者にとっては、小うるさい存在、煙たい存在だったのではなかろうか。しかし、彼等は敬老の精神から、一応は孔子の説を拝聴した。だが、それは形だけのもので、本当にそれにしたがって政治を行おうとする気持ちなど、なかったのである。

そのような中で、哀公十四年（前四八一年）に、斉の国で下剋上が起こった。孔子が七十一歳のときである。

斉の国でも、魯の国と同じように、君主よりも家老の陳恒《ちんこう》の方が、君主の地位を脅かすくらいの力を持って、権力を振るっていた。

その家老の陳恒が、君主の簡公を殺害してしまったのである。

斉の国は、かつて孔子も訪問したことのある国である。他国のこととはいえ、孔子はこの下剋上を許しておくことができなかった。

その上、この事件は孔子にも若干関係があったのである。

というのは、孔子の弟子の宰我《さいが》が、斉の国で任官して大夫（高級官僚）となり、君主の簡公に仕えていたからである。そのため、これまで宰我は家老の陳恒と競いあい、二人は政敵という立場にあった。君主の簡公は宰我と組んで、専横な陳恒の追い落としを謀ったのである。しかし、宰我は陳恒によって殺され、つづいて君主の簡公も弑《しい》されてしまった。

いわば陳恒は孔子にとって、弟子の宰我の仇であるのだった。そのため孔子は、斉の国の政治の下剋上を憎むとともに、非業の死をとげた弟子の弔い合戦の意味もあって、三日

間斉戒沐浴して身を清めると、宮廷に出向き、君主の哀公に目どおりして、

「斉の国で、陳恒が主君を弑したといいます。どうか陳恒を討ってください」

と願い出た。

しかし、哀公は魯の国で君主といっても、形ばかりの君主で、とてもそんな力はなかったので、

「そのようなことは三桓に言ってくれ」

と返事するしかなかった。三桓とは、孟孫氏、叔孫氏、季孫氏の三氏で、魯の国で実権を握っている三家である。

そこで孔子は、今度は三桓のところへ、それぞれ出向いて、

「わたしも政治の末端に位置する者として、たとえ他国のことであれ、斉の国の内乱を黙っているわけにはいきません。だから哀公さまに申し上げずにはいられなかったのです。どうか、君主に代わって陳恒を討ってください」

と進言した。

しかし、三桓は一人として孔子の言葉を聞き入れようとはしなかった。

三桓に言わしめれば、斉国の陳恒と、魯の国の三桓とは、

（国こそ違え、家老の身でありながら、君主以上の権力を振るう）

という君主をないがしろにしている点では、同じような立場にいる者だった。だから三桓が陳恒を討つことは、

（それは、廻り廻ってわが身にも降りかかってくる、自縄自縛《じじょうじばく》の討伐）

となるわけである。承知するわけがないのは当然だった。

残念ながら孔子は引き下がらざるをえなかった。もし、これ以上討伐に固執すれば、孔子はまた魯の国を去らねばならぬ破目に陥る危険があった。しかし、孔子もすでに七十一歳である。政治に対する情熱はまだ燃えたぎっていたが、これ以上抵抗するには年をとりすぎていた。

孔子は黙って引き下がったが、その無念さがいっそう孔子に、

（魯に伝わっている周の正統の文化を整理して後世に伝え、同時に弟子の教育に専念するのが、これからの自分の本当の使命なのだ）

という思いを強くさせるのだった。

するとふたたび孔子の胸に、

（この頃は久しく周公旦の夢を見なくなってしまった。こんなことではいけない）

という反省が甦ってくるのだった。

孔子の胸の中には、たえず魯の国の祖である周公旦への崇敬の念がある。周公旦の教えを世に拡めるのが自分の役目だという自負が、孔子にはあった。だから、孔子はたえず周公旦に近づこうと日夜努力し、勉学し、夢にまで周公旦の徳のある姿を見たのである。

しかし、年齢のせいか、最近はその周公旦の夢もあまり見なくなってしまった。

（これではいけない）

と孔子は自省し、自分の余生を古典の整備と、弟子の教育に専念するのである。

第二十六章　弟子たち

こうして孔子は最後の人生を、古典の整理研究と、弟子の教育とに専念したのである。

古典の整理研究とは、これまでに自ら研鑽してきた学問の集大成である。

それは、古代の詩集である『詩経』の再編集であった。

孔子は昔から弟子たちに「詩は表現力をつける」、「詩は心を豊かにし、観察力、批判力をつけ、人間関係に役立つ」と教えていた。いま、その原典の再編集に、落ち着いて取り組んだのである。

また魯の国の年代記である『春秋』の編纂も完成させた。

また、これまで未整理だった、礼、楽の整理を行った。

こうしたことによって儒学の必須科目が定められ、孔子の教えが継承される礎が築かれたのである。

次に孔子の弟子であるが、その数は三千人に及んだと「史記」に記されている。これは間接の弟子も含めた数であり、かつ白髪三千丈に類した誇張でもあろうが、しかし、そのように言われるほどに弟子の数が多かったということである。

その中には魯の国の政界で活躍している者も多かった。

たとえば弟子の冉有《ぜんゆう》は、三桓の季孫氏の筆頭家老として活躍しており、また同じく弟子の樊遅《はんち》は、魯軍の将軍として戦功があった。

また孔子の高弟の一人の子貢も、三桓の叔孫氏に仕えて、呉国との外交折衝に当たっていた。

また最高の弟子の子路は、孔子の推挙で衛の国の家臣の孔悝《こうかい》に仕えていた。

こうして孔子の弟子集団は、魯の国と衛の国の両国にわたって、相当な勢力を持っていたものと考えられる。

したがって、孔子自身は現実には政治にタッチしてはいないのだが、弟子たちを通して、魯や衛の国の政界へ隠然たる影響力を持っていたと見るべきである。

そのため、孔子のところへ弟子入りしてくる青年たちも、純粋に「学問を学ぶ」という学問的目的のほかに、「仕官する資格を取るために学ぶ」という現実的目的をもって入門する者も多かった。だからこれを現代的にいえば、

（繁栄している学習塾）

とでも、いえばよかろうか。

晩年の孔子は、

（孔子、詩書礼楽をもって教う。弟子の数はけだし三千人。その中に、六芸〔全教科〕に通ずる者は七十余人）

と言われていたから、要は、孔子は当時の私立大学を開いていたと、いえばよい。

こうして孔子は六十九歳で魯の国に帰国してから、七十四歳で没するまで、五年間、学校経営を行い、大勢の弟子を教育したのである。

新しく入ってくる弟子たちは、もちろん青年が多く、孔子よりも四十歳も五十歳も若い人達であった。

そのため、孔子の門人の年齢は老若さまざまといってよかった。

顔回の父の顔路も、孔子の弟子になっていたが、顔路も孔子より六つ年下であり、子路

は九つ年下で、この辺りが弟子の最年長組といってよいであろう。

最も若い層としては、子夏《しか》、子游《しゆう》、曽子《そうし》、子張《しちょう》などがおり、彼等は孔子よりも、ほぼ四十五歳も年下である。

こうして大勢の弟子たちを眺めてみると、年配者の弟子と、青年層の弟子と、二グループに大別することができる。すなわち、孔子の壮年時代に入門した弟子と、孔子が晩年魯の国に帰ってきてから入門した弟子の、二グループである。すなわち先輩グループと、後輩グループということになろうか。

先輩グループの弟子といえば、孔子が壮年の頃からずっといっしょに苦労してきた、子路、子貢、顔回などがその代表であり、後輩グループは、子夏、子游、曽子などが、その代表である。

この弟子たちの年齢を、孔子が六十九歳で魯の国へ帰国した時点で、もう少しくわしく見てみると、次のようである。

子路　　六十歳
冉有　　四十歳
顔回　　三十九歳

宰予《さいよ》　三十九歳前後
子貢　三十八歳
澹台滅明《たんだいめつめい》　三十歳
子夏　二十五歳
子游　二十四歳
曽子　二十三歳
子張　二十一歳

などと、年齢は比較的なだらかに並んでいる。

したがって、先輩グループと後輩グループといっても、はっきりと断層があるわけではなく、せいぜい三十歳以上のグループと、二十歳代のグループといった程度であろうか。

だからこの先輩グループ、後輩グループといった基準は、年齢による区分というよりも、彼等が孔子の諸国遍歴の旅に加わっていたか、加わっていなかったか、という区別の方が、意味がある見方ではないかと思われる。

孔子と諸国遍歴をともにした弟子たちは、弟子というよりも、むしろ同志といった感じであり、孔子とは運命共同体としての感覚や経験で結ばれていた。

これに対して、孔子の諸国遍歴が終わり、魯の国へ帰ってきてからの入門者は、どちらかといえば仕官のための学問を学ぶという、功利的な目的が強かったといえようか。

実際に孔子自身も、この先輩グループと後輩グループについては、次のように評している。すなわち、儀礼や雅楽に対する態度についてみると、先輩グループの態度は、田舎者めいているのに対し、後輩グループの方は紳士的である。しかし、実際にそれを行う段になると、先輩グループの方が優れており、後輩若手グループの方は形の上では立派でも、実意の点では劣っている、と孔子は言っている。

しかし、その苦労をともにした先輩グループの弟子たちも、次第に仕官をしたり、あるいは郷里に帰ったりして、孔子のもとから離れていき、また、死んでしまった者もあり、次第に数が減っていった。

したがって、晩年の孔子の生活は、主としてこの後輩グループの若い優秀な弟子たちに囲まれて、繁栄し、活況を呈していたのである。

後輩若手グループは先輩グループに比べればやや線が細い感はあったが、学業に秀でており、また官職について活躍する者も現れていた。

孔子はこの現代ふうの若者たちに、時としてとまどいを感じながらも、熱心に教育に打ち込んだ。
孔子の教育方法はもちろんマスプロ方式ではなく、一対一の対話方式であった。同じことを教えるにも、一人一人の個性を見定め、それに応じた教え方をした。そして、教えこむというのではなく、弟子たちの自己啓発を重視した。

入門するには礼法通りの簡単な束脩（入門料）さえ持っていけば、誰でも入門させたが、やる気を起こさない者には、教えようとはしなかった。

七十歳を越した晩年の孔子がそこまでやるのは、孔子の内面でなおあかあかと燃える理想があったからであり、その理想を、弟子を通して後世に伝えようとする情熱があったためである。

孔子塾で学んだ若者たちは、ある程度の学問を身につけると、仕官の途を得て、孔子のもとを離れていった。それはそれで、孔子の学問が世の中の役に立つことであり、うれしいことであった。しかし、少数の者ではあるが、学問を仕官のためでなく、学問のために学び、孔子の理想を受けつごうとする者もいた。それがなにより孔子のよろこびであり、生き甲斐であった。

孔子の教育は成功したのである。

孔子と弟子の教育は、主として一対一の対話方式であったが、また集団方式の時もあった。その集団方式の一例を次に紹介してみよう。

ある時、弟子の子路、冉有、公西華、曽子の四人が控えていた席で、孔子が語りかけたことがあった。

「お前たちはいつも、自分の才能を認めてくれる者がいないと嘆いているが、もし幸いに認められることがあったら、どういうことをしたいと思うかな。私に遠慮せずに話してくれ」

すると、一番年長の子路が待っていましたとばかりに口を開いた。

「たとえば周囲の強大国から攻めたてられ、その上、飢饉で苦しんでいる国があったとします。わたしにそのような国の政治を任せてもらえるならば、三年もしないうちに活力のある立派な国にしてみせます」

子路らしい闊達《かったつ》な答えであった。しかし、それを聞いた孔子は苦笑しながら、冉有の方をむいて、

「冉有よ、お前ならどうするかな」

「はい、わたくしはもっと小さな国で結構ですが、そういう国の政治を任せられたら、三年もしないうちに国民の生活を豊かにしてやることができます。ただ文化の向上については私の力では及びませんので、他の人の力を借りたいと思います」

「公西華よ、お前ならどうするかな」

「はい、自信があるわけではありませんが、宗廟の祭りや諸侯の会議のときに、礼装をして接待役の末席ぐらいは、なんとか勤めてみたいと思います」

孔子は最後に曽子を促した。

「曽子よ、そなたはどうかな」

すると瑟《しつ》を爪弾いていた曽子は、瑟を置いて立ち上がると、

「わたしの望みは三人とはちがって、もっと小さなことです」

「小さくてもかまわないよ。いま言っているのは、それぞれの抱負を語っているだけなのだから」

「はい、では申しあげます。わたくしは春になったら、さっそく春むきの合服に着がえ、若者を五、六人、子供も五、六人ひきつれて、沂水《きすい》のほとりで水浴びをし、舞雩《ぶう》の高台で風にふかれて、歌でも口ずさみながら帰ってきたいと思います」

孔子は感嘆して、

「わたしも曽子と同じだよ」

と言った。

やがて三人が退席すると、曽子だけが後に残った。曽子が、

「さっき、あの三人の言ったことを、先生はどう思われますか」

と聞いた。すると、孔子は、

「どうと言って、別に……。三人とも、ただそれぞれの抱負を言ってみたまでのことではないか」

「では、どうして先生は子路のことをお笑いになったのですか」

「国を治めるのには、何よりもまず礼によって規範を確立しなければならない。ところが子路の言い方は、思い上がっているところがあった。それで笑ったのだよ。子路だけでなく、冉有だって、たとえ小国とはいえ、政治について語っているのだ。小国だって立派な国なのだ。子路や冉有だけが政治を語っているのではない」

「わかりました」

「また公西華の言ったことも、国の政治でないこともないのだよ。宗廟の祭りにしても、

会議にしても、やはり国としての大事な行事なのだ。公西華は末席だなどと謙遜していたが、彼が末席というのなら、いったい誰が上席に座れるというのかね。誰も彼の上席などに座れなどしないのだよ」

この対話によっても、子路、冉有、公西華、曽子という四人の性格が、見事に浮かび上がってくる。孔子はそれぞれの弟子の意見にすぐ答えるよりも、孔子の対応によって各人が自分の考えを反省し、本来の答えを自分で見つけていくという、弟子の個性を尊重した教育方法を探っていたのである。

第二十七章　晩年の別れ

(一)

孔子はすでに七十歳を越え、当時としては相当な長寿であった。

しかし、生きている限り、自分の生き甲斐を弟子の教育に求めていた。

そのような孔子の晩年に、三つの悲しいことが次々と襲ってきた。いずれも孔子が魯の国へ帰ってきてから、三年間の間に起きた不幸である。それは親しい者との死別が次々に孔子を襲ったのである。とくにその死別が、孔子よりも年齢の若い者の死であることが、孔子の悲しみをいっそう深くした。

まず、孔子が魯の国へ戻って二年目の前四八三年、孔子が七十歳のとき、たった一人の息子の孔鯉が死亡したのである。

孔鯉は享年五十歳であり、父親の孔子より先にこの世を去ったのである。子供に先立たれた孔子の悲しみは、どんなであったであろうか。

孔鯉には、父親である孔子のような優れた才能はなかったようである。いわば普通の子供であった。しかし、孔子も子供を持つ親であった。

（才能があろうと、なかろうと、親の子供を思う気持ちに変わりはない）

と言っている。

孔子は、自分自身が、子供や弟子たちに見守られて静かにこの世に別れを告げる姿を想像していたのに、死の年齢が逆転した、孔鯉の死は、晩年の孔子にとって大きな悲しみであった。

孔鯉の死の後には、まだいとけない孫の伋《きゅう》（子思）が残された。

（二）

引続いての悲しみは、その翌年、高弟の顔回が死んでしまったことだった。

顔回は、孔子が人格的にもっとも高く評価していた弟子であり、その将来を最も期待し、自分の学問の後継者と考えていた、最愛の弟子であった。

その顔回が四十一歳で急逝したのである。これからが顔回の時代だと思っていたのに、七十一歳の孔子は衝撃を受け、悲嘆にくれた。

その知らせを受けたとき、孔子は、

「ああ、天はわれを滅ぼせり、天はわれを滅ぼせり」

と慟哭し、嘆いた。

孔子が顔回の死によってどれほどの深い衝撃を受けたかは、その葬儀のときの孔子の態度によっても、それがわかった。

葬儀のとき、その悲しみを表わす礼法は「哭《こく》す」である。哭すとは、大声をあげて泣くことである。

顔回の葬儀に当たって、孔子は哭すべきところを、礼法に従わず、顔回の遺骸の前で慟《どう》したのである。「慟す」とは、身体をふるわせて泣くことである。すなわち孔子は大声をあげて泣くどころか、身体をふるわせて泣いたのである。礼を重んずる孔子ほどの人が、礼などにかまわず、我を忘れて身体をふるわせて泣いた。いかに孔子の悲しみが深かったかが、わかろうというものである。

その姿を見た弟子たちが、後になって、

「先生ほどの人があれほど慟哭されるとは、一体どうしたことですか」

と尋ねると、孔子は、

「そうかね、あの時は悲しみに夢中ではっきりとは覚えていないが、わたしは慟哭したのかね。でも、顔回が死んだのだよ、慟哭せずにはいられないではないか」

と、悲しみを再び訴えるように答えたという。

孔子は自分の死後、自分の学問を受け継いでくれる人物は、顔回以外にないと思っていた。自分の後継者は顔回だと心に決めていた。その後継者が突然いなくなってしまったのである。

ということは、自分の学問がここで断絶されてしまったという衝撃でもあったのである。そして同時に、

(ああ、せっかく学問をしてきたけれども、自分の生涯もこれで終わりなのか)

と顔回の死は、

(自分の学問も人生もこれで終わりだ)

という絶望感を孔子に与えるほどの、衝撃であった。

だから、ある意味において高弟顔回の死は、実の子供の孔鯉の死よりも、孔子の心に深

い衝撃を与えたのかもしれなかった。

後日、魯の国の実力者でもある季孫氏の当主の季康子が、孔子に、

「弟子の中で誰が一番学問が好きか」

と尋ねたことがあった。すると孔子はすかさず、

「それはなんといっても顔回です。しかし、不幸にして、短命で死んでしまいました。その顔回はすでにこの世にはいないのです」

と悲しげに答えた。

また、魯の国の君主の哀公からも同じように、

「弟子たちの中で一番学問が好きなのは誰かな」

と聞かれたときも、

「顔回という弟子です。しかし不幸にも短命で、今はこの世におりません。だから今、わたしの弟子の中には、私の学問の後継者となるような者はいないのが現状です」

と答えたという。

このように顔回は孔子にとって、掌中の珠であった。そして、顔回の方も他の弟子のように官職にはつかないで孔子に仕え、一生を学問に捧げたのであった。

そのような顔回に対する孔子の信頼は、次のようなエピソードによっても知ることができる。ある時顔回が孔子に、

「わたしには進境がありました」

と言った。進境とは、進歩して達した境地、上達した境地を意味する。孔子が、

「それは、どういうことかな」

「それは、先生から教えていただいた、仁、義、礼、楽のことを、全部忘れてしまったのです」

と顔回は答えた。すると孔子は、

「ああ、それはいいことだよ」

と答えた。

すると、またある日、顔回がやってきて、

「わたしにはまた進境があって、座忘《ざぼう》ができるようになりました」

と言った。孔子が、

「座忘とは何のことかな？」

と尋ねると、顔回は、

「手足や耳目の働きを打ち消して、心が大自然の働きと一つになる心境のことです」

「ふーむ、それはすばらしい心境だ。そのような心境になれば、お前は人への好き嫌いも、頑固なところもなくなるのだから、すごい心境に達したものだ。わたしも、そんなお前の心境になりたいものだよ」

と、孔子は感心したという。孔子はつねづね、

（頭で考えるのではなく、心で考えなくてはならない）

と説いているが、その教えを内面化し、深めて、澄みきった心境に顔回は達したというのである。

孔子が自分の教えを伝えるのを、顔回に託そうとしたのが、このエピソードからもよくわかる。

孔子は周公旦に発する学問を完成させ、それを世にひろめ、世に伝えていくのを天命だと思っていた。それが自分一代で出来なければ、弟子を通して伝えていくことを志し、そのために弟子の教育に専念した。その中で、顔回こそが自分の学問の後継者である。その顔回が自分よりも早くこの世を去ってしまった。顔回の死はすなわち、

（天命を奪った）

ことになるわけであった。

この衝撃から孔子は立ち直れるのか。孔子の前途に暗雲がたちこめてきたという感じであった。

すると又もや第三の衝撃が孔子に襲いかかってきたのであった。高弟子路の死であった。

（三）

顔回が死んだ次の年、すなわち孔子が七十二歳のとき、孔子の弟子の中では最も古く、かつ最も親愛の情の深かった子路が、不慮の死をとげた。

子路はこの時、孔子の推挙で衛の国の重臣の孔悝《こうかい》に仕えていたが、その内乱に巻きこまれて、非業の死を遂げたのである。

前述したように、衛の国では君主の座をめぐって、ごたごたが続いていた。

すなわち、君主霊公の正夫人である南子が、愛欲と不倫におぼれていたので、皇太子の蒯聵《かいがい》が憤慨し、国政を守るために母親（南子）殺しを計画した。しかし、その計画が失敗して、皇太子の蒯聵は国外（晋の国）へ亡命してしまった。

霊公が薨じると、皇太子の蒯聵は亡命していたので、霊公の孫の出公（すなわち蒯聵の子供）が君主の座についた。しかし蒯聵としては、（たとえ亡命中といえども君主の継承権は自分にある）と面白くなかった。

そこで父と子が君主の座を争うという事態が、衛の国では長い間つづいていたのである。そして、孔子が魯の国へ帰ってきて四年目（前四八一年・孔子七十二歳のとき）に、ついに蒯聵は君主の座奪還作戦を起こしたのである。

その結果、蒯聵が勝って君主となり、今度は出公が君主の座を追われて亡命するという、運命になった。子路が命を落としたのはこの戦いであった。

子路が仕えていたのは孔悝であったが、孔悝は君主出公の重臣であり、そのために蒯聵に攻められて、軟禁状態に陥ってしまっていた。

その時、子路はたまたま衛の国の外にいたのであるが、子路は主人の孔悝を助けなくてはならないと思い、衛の国へ戻ってきた。

すると衛の国の城門で、子羔《しこう》に会った。子羔も孔子の弟子で、同じく衛の国に仕えていたのである。子羔は、

「残念なことに出公は敗れて亡命し、城門も閉じられてしまいました。だから引き帰した方がいいですよ。無駄に命を落としてはなりません」

と子路に忠告した。しかし、退くことを知らない子路は、

「禄を食《は》んでいる以上、命が危ないからといって、ひるむわけにはいかない」

と言って、引き帰そうとはしなかった。

するとその時、折よく、他国の使者の来訪を受け入れるために、一瞬、城門が開いた。それを見た子路は、すばやくその門から城内に入り、孔悝を軟禁している蒯聵のところへ行った。そして、あたかも蒯聵の味方であるようなふりをして、

「にくき孔悝の奴めは、わたしが殺してしまいましょう。どうか孔悝をわたしの手へお渡しください」

と叫んだ。

しかし、蒯聵もさる者、子路を疑って、孔悝を渡そうとはしなかった。

そこで子路は、城内に火を放って、その混乱のすきに、孔悝を救い出そうとした。

蒯聵は屈強な武士二人に命じて、子路を殺そうとし、乱闘になった。そしてついに子路は殺されてしまったのである。

この子路の戦死については、有名なエピソードがある。

子路が戈《ほこ》で撃たれたとき、顎《あご》の下で結んであった冠の紐が切れた。しかし、子路は重傷を負いながらも、

「君子はたとえ不慮の死にあっても、作法通りに冠を頭にかぶっていなくてはならない。だから、絶対、冠は外さないぞ」

そう叫んで、作法通りに紐をきちんと結び直して、息絶えたという。礼を守る孔子の高弟にふさわしい、礼をわきまえた最後といえよう。子路は孔子より九歳の年下であったから、六十四歳で死亡したのである。

孔子が晩年になって、孔鯉、顔回に次ぐ、三人目の悲しい死別であった。

子路は孔子の一番最初の弟子であった。その上年齢も近かったから、いわば孔子とは同世代といってよく、弟子の中では一番長くつきあっている、気のおけない弟子であった。だから孔子とは互いにからかったり、軽口をたたいたり、また直情一筋の子路は、気に入らないところがあると、孔子に正面から忠告したりして、孔子とここまで深い師弟関係にあった者は他にいなかった。師弟というよりも同志といった方が、よかったかもしれなかった。

それだけに子路の死は、顔回を失ったのとはまた別の意味で、孔子にとっては大きなショックであった。

衛の国のこの内乱の情報が孔子の耳に届いたとき、孔子は、(もしかして子路は死ぬかもしれない)という予感にかられた。それは子路の率直で、危険な立場に立っても退くことを知らない性格から、そう直感したのである。そして不幸にも、その直感はあたってしまったのである。

こうして孔子は、晩年の三年間に立てつづけに、三人の最も重要な人を失ったのである。それも孔子よりも年下の者を失うという逆縁であった。普通であれば孔子の方が、子供や弟子たちに見送られて他界すべきであるのに、孔子の方が年下の三人の葬儀に参列したのである。これは大きな精神的痛みを孔子に与えた。

しかし、孔子はこうした悲しみを乗り越えて、学問に、古典の整理に、弟子の教育にと、最後の力を振りしぼっていくのであった。

第二十八章　その私生活

さてここで、これまであまり触れてこなかった孔子の私生活について、若干光を当ててみることにする。

まず、家族についてであるが、孔子は家族や家庭のことを、どのように考えていたのであろうか。そして、どのような生活をしていたのであろうか。この点については甚だ記録が乏しいのではっきりしたことはわからないが、家庭生活においてはあまり恵まれず、したがって孔子は、家庭を顧みることが少なかったように思われる。

孔子と妻との関係はどんなだったであろうか。孔子は、

（女子と小人は扱いにくい。近づいていけばつけあがり、放り出せばぐずぐず言う）

という言葉を残しているが、ここに妻に対する孔子の感情が、象徴されているように思

われる。妻に対する愛情がなかったとは考えられないが、しかし、妻との間に適当な距離感が保てない孔子の苦悩が、見えるように思われる。

老境に入った孔子には、その妻もすでにこの世にいなかった。そして、一人息子の孔鯉も、つい最近この世から去ってしまった。

血のつながった者としては、幼い孫の子思が一人、残っているだけである。しかし、子思は親の孔鯉に似ず、賢く、可憐であったので、唯一孔子の心のなぐさめとなった。

学問の上で、自分の息子だと思っていた顔回もすでにこの世になく、孤独になった孔子は、この孫の子思を心の拠り所として、生きていったのである。

次に孔子の生活ぶりである。

生活の基礎は収入であるが、青年期を終わるころまでの孔子は、あまり豊かではなかった。

しかし、三十代で斉の国へ遊歴してからの孔子は、それほど生活が苦しかったとは思われない。塾を開き多くの弟子をかかえることによって、それなりの授業料などの収入が相当あったからである。

また授業料収入のほかに、政治へ関与することによる報酬も相当あったものと思われる。それに加えて、弟子の子貢は抜群の経済的力量があり、その子貢が巧みに資金を調達して、孔子集団の経済面を助けてくれたことも見逃せなかった。

すなわち孔子の経済生活は、貧しいというよりも、ある程度豊かだったと思われる。次に衣、食、住について見てみることにする。

孔子の一生を眺めてみると、幼少の貧窮の生活から脱出して世に出ようと、上昇志向の強い人生であった。身体も大きく、エネルギッシュで、欲望の強かった人物である。清貧に甘んずる人間ではなかった。孔子にとって現世の欲望を満足させることは、悪いことではなく、善であった。したがって孔子の衣食住生活は、美的でさえあったと言えるのである。

青春時代のある時期までは孔子は経済的に苦しい生活を送っていたが、三十歳を越え、弟子たちを連れて政界、官界へ進出してからは、経済的に困るようなことはなかった。とくに晩年の孔子は、魯の国で国老にふさわしい隠然たる勢力を持って、上流生活をしていたものと思われる。

まず食である。

酒について孔子は、

（酒は量なし。しかし酒に乱されず）

と言われている。酒はいくら飲んでもみだれないというのであるから、酒量は相当なものであったことが想像される。強いだけでなく、好きだといった方がよかったかもしれない。

その上、酒は「沽酒《こしゅ》」は嫌いだった。沽酒とは市販の酒のことである。すなわち家で造った酒を愛飲していたことになり、家で酒を造る経済的余裕があったことを物語っている。

また料理の肉についても、市販の干し肉は不潔でいやだとか、肉の腐ったものや、肉の色の変わったものや、肉の臭いが悪いものは食べないと言っている。これは不衛生だからという理由のほかに、よい肉でなくては食べないという、肉にたいする贅沢を物語っている。これは、料理の材料によく吟味を加え、肉にたいして新鮮さを求める、生活水準の高かったことを示すものである。

次に主食の飯であるが、孔子は、

（食《ごはん》はいくら精白してもいい）

と言っている。

中国の主食は、秦漢時代は粱飯、魏晋南北朝時代には、北方は麦飯、南方は米飯と、飯の中心になるものが変わっているが、それより前の孔子の時代には、まだ特定の主食はなかったようである。

したがって、孔子の時代の主食は、黍《もちきび》（黄色のねばりけのあるコウリャン）、稷《きび》（白色のねばりのないコウリャン）、菽《まめ》、粱（稷の良質のもの）、麦など、いろいろな穀類を蒸して飯として、あるいは粥として、食べていた。

したがって、精白すれば良質にはなるが、目べりするわけであるから、孔子のように精白する方がいいというのは、ぜいたくな飯の食べ方である。また、

（膾《なます》はどれほど細分してあってもいい）

と言っている。

当時の膾は、生肉を痩《そう》肉（赤身の部分）と、肥肉《ひにく》（白色の脂肪分のところ）とに切って、細分し、春にはねぎ、冬には辛子醤油を使って、和《あ》えたものといわれる。それがどれほど細分してあってもいいというのは、ぜいたくに手を加えたものだということであろう。

しかし、そもそも肉については、その加工方法もさることながら、当時は肉を食べることと自体がぜいたくな食事だったのであり、孔子にはそれが出来たのである。

孔子は食事についてはぜいたくでも、

（しかし食べすぎてはよくない）

と言っている。すなわち、

（よいものをしっかりと、腹八分目に食べよ）

と言っている。

そもそも腹八分目に食べよということは、食糧に困らない余裕のある生活だから、出来る食事観である。食費にこと欠いていたら、腹一杯食べることが願望であり、腹八分などと悠長なことは言っていられないわけである。

次に衣食住の「衣」生活であるが、衣生活においても孔子はかなりぜいたくであった。夏の場合、ふだんは単衣《ひとえ》の衣服であったが、外出のときはかならず上衣を着た。また冬の外出のときには皮のコートを着たが、そのときには配色の調和を重んじた。すなわち黒色の上衣のときは黒羊の皮コートを、白色の上衣のときは同系色の鹿の皮コートを、黄色の上衣のときは同系色の狐《きつね》の皮コートを着用するという工合だった。

また、ふだん着の防寒用皮コートは丈を長くしたが、動きやすいように右の袂《たもと》は短かくして、実用むきにした。寝るときには必ず寝間着を着たが、丈の長さは身長の一倍半と長くした。

皮コートについては、一般庶民の皮コートは犬や羊の毛のうすいものだったが、孔子は狐や狢《むじな》の、毛の厚いものを着た。寝間着については、一般の庶民にはそのようなものはなく、昼間着ていた服のままで寝た。ましてや布を余分に使って、身長の一倍半の長さに仕立てる余裕などはなかった。孔子にそれが出来たのは、衣生活にも余裕があったからといえよう。

最後に住生活である。住については具体的な記録がないから想像するほかはないが、多くの弟子たちと一緒に起居をともにしていたのであるから、相当の構えの住居に住んでいたものと想像される。

こうして孔子の衣食住の生活を見てみると、孔子の晩年は国老（政治顧問）という名前にふさわしい、経済的にも恵まれた生活をしていたものと思われる。

孔子は、生活が豊かであることは非難することではなく、人間がそれを求めるのは当然であると認めていた。

(富と貴《たつとき》とは、これ人の欲するところである)

と言っている。

しかし、その富貴を手に入れるのに、汚い方法、不正な手段で手に入れることを、孔子は許さなかった。

したがって、「清貧」よりも、「清富」の方がいいのである。しかし、富でも、清富でなくて汚富であるなら、むしろ清貧の方がずっといい、と孔子は教えている。

すなわち単純に富と貧を比較すれば、それは富の方がいい。しかし、場合によっては富よりも貧の方がいい場合もあるのである。それは富も貧も、

(それをいかにして手に入れたか)

が問題であり、そして、

(富も貧も、その境遇において、どのような気持ちを持って生活しているのか)

によって、富と貧の価値が決まってくるというのである。

富んで驕り高ぶっている者よりも、貧しくても道を守っている方がずっとよい、としているのである。

第二十九章　孔子の死

孔子が死亡したのは、魯の哀公十六年、前四七九年のことで、孔子が七十四歳のときであった。

生まれつき頑健な孔子も、七十四歳という老齢になっては、やはり体調も衰え、身体の不調を訴えるようになった。

その上晩年になってから、子供の孔鯉や、最愛の弟子の顔回、それに子路の死という、自分より年下の者に先立たれるという精神的ショックも、孔子の老衰に拍車をかけていたかもしれなかった。

孔子が七十四歳になった四月十一日のことである。

孔子は病の床についた。そして自分の死の近いのを悟ったのか、高弟の子貢を呼んだ。

子貢があわてて見舞いに行くと、孔子は杖をついて門前を行ったり来たりしていたが、子貢の姿を見ると、

「遅かったな」

と言った。そして歌いあげるように、次のように子貢に語りかけた。孔子はこのことを子貢に言いたくて、待ちかねていたのであった。

「あの霊山である泰山が崩れようとしている。

家の梁木がくだけようとしている。

そして、哲人が病気で、いまその生命を終らんとしている」

そう歌いあげると、孔子は悲しみの涙を流した。

それは孔子が昨夜、自分の葬式の夢を見たからだった。

その夢というのは次のような夢だった。

〈天下が道を失ってから久しい。そして、わたしを宗とする者もいない。人が死んだとき夏王朝では、棺桶を堂の東側、すなわち主人の席に置いて、通夜するのが習しだった。周王朝では堂の西側、すなわち客の席に置く。殷王朝では棺桶を柱の間、すなわち主人と客の間に置いた。昨夜、わたしは夢の中で、柱の間に座って供物を奉じられた。わたしの祖

先は殷人だったのである）

すなわち、「柱の間に座った孔子が供物を奉じられた」ということは、柱の間にある棺桶の中に孔子が座っていた夢を見たということである。ということは殷の血を引く孔子が、（自分の死を予見した）

ことになるわけである。そこで孔子は一般的な歌として、

（泰山が崩れ、家の梁がくずれるように、偉大な哲人が死ぬのだ）

と哲人の死の歌にたくして、自分の死の近いことを、弟子の子貢に暗示したのである。

この日から孔子はどっと病の床についた。

そして、七日たった四月十八日（前四七九年）に、七十四歳で死亡した。

大往生であった。

さて孔子の死については、有名な「獲麟《かくりん》」伝説というのがある。

孔子の死の三年前のことである。魯の国の三桓の叔孫氏が、西の草原で大規模な狩猟をしたことがあった。そのとき鹿に似た一頭の珍しい動物が捕らえられた。孔子は、

「それは聖王の時代だけに現れる瑞獣の麒麟という動物である」

と言った。しかしその意味は、

（麒麟は聖なる動物であり、したがって、平和な世の中においてこそ現れるべき動物である。それなのに何をまちがえて、この乱世に現れたのか）

ということで、孔子は嘆き、たもとを返して涙をぬぐった。そして、

「わが道は窮した」

と悲痛な叫び声をあげた。

すなわち、時勢をまちがえて世に迷い出た麒麟が、その真価を世に認められずに、つまらない運命にもてあそばれるのは、

（ちょうど自分の生涯のようだ）

と孔子は思ったのである。そして、

（自分は現世では認められなかったから、せめて後世に残るものを作ろう）

と決意して、「春秋」という書物を作ることに没頭するのであった。そして二年たって「春秋」が完成すると、世を去ったという伝説である。

もちろんこれは、孔子をたたえるために後世作られた伝説であるが、孔子が生まれた時の出生伝説が作られたように、死去伝説も作られたわけである。

いずれにしても孔子の死は、多くの弟子たちに取り囲まれた、静かな死であった。長く病床にふせた病気によるものではなかった。死の直前まで、いろいろしっかりした言葉を弟子たちとの間で交わしていたことによっても、それがわかる。

孔子は、釈迦、キリスト、ソクラテスと並んで、世界の四大聖人の一人に数えられるが、他の聖人にくらべて異なる点が一つある。それは、その死がドラマテイックでない点である。他の聖人たちは、多かれ少なかれ、死の瞬間がドラマテイックだった。

キリストは「神は我を見捨てたもうか」と言いながら磔になり、ソクラテスは「悪法も法なり」と言って毒杯をあおり、釈迦は弟子たちに看取られながら「涅槃《ねはん》」という宗教的境地に入った。

しかし孔子の死は、弟子たちに囲まれた普通の淡々とした死であった。他の三人の聖人のような劇的な死ではない、静かな死であった。奇蹟とか、復活とか、煩悩消滅とかいったものとも無関係なものであった。それは、

「お前たち門人の看取りの中で死にたい」

と言っていた、孔子の思いどおりの静かな最後だったといっていいであろう。

人生の最後を、信頼し、信頼される弟子たちに取り囲まれて、自分の理想を説き、その弟子たちに取り囲まれて死んでいった孔子の人生は、幸せな生涯であった。

その生涯を眺めてみると、孔子は晩年に自分の生涯をふり返り、次のような有名な言葉を残しているが、その言葉通りに、聖人としての精進の一生だったということが言えよう。

われ十有五にして学に志す
三十にして立つ
四十にして惑わず
五十にして天命を知る
六十にして耳順《したが》う
七十にして心の欲するところに従って矩《のり》を踰《こ》えず

すなわち、わたしは十五歳のとき学問によって身を立てようと決意した。
三十歳で自立の基礎を固めることができた。
四十歳になって、自分の進む方向に確信が持てるようになった。

五十歳では天命を自覚するにいたった。

六十歳になって、人の意見にすなおに耳を傾けられるようになった。

そして七十歳になると、思うままに振舞っても、それが道に外れるようなことはなかった。

後世、「不惑」とか「知命」などの言葉の出典となったのが、この孔子の言葉であり、とくに最後の、

（七十にして心の欲するところに従って矩《のり》を踰《こ》えず）

の心境は、道徳の極致とされる言葉である。

孔子が死に、さて、その葬式のときになって、一つの問題が起きた。喪服をどうするかという問題だった。弟子たちが、

（偉大な師に対して、どのような喪服を着て、どのような葬式をすればよいのか）

と迷ったのである。すると高弟の子貢が次のように答えた。

「かつて顔回が死んだとき、どのような喪をしたかというと、自分の子供の喪と同じように、とくに喪服は着なかった。すなわち喪服という「服」で喪に服するのではなくて、

「心」で喪に服した。しかし、普通の服で喪に服していても、心の中で喪に服しているのが十分わかった。すなわち、本当に喪に服していれば、眼に見えない心の中の喪が、おのずから外に現れるのである。顔回につづいて子路が死んだときも、先生は同じだった。子路を喪すにも、心の中で喪に服し、形だけの喪服を着なかった。要は、喪服を着るか、着ないか、そのようなことに気を使うのではなく、心の喪が大切なのだ」

と説いた。

孔子が死んだこの時点では、最高の弟子の位置にあった子貢は、孔子に対して親に対する以上の気持ちを抱いており、心の喪を強調したのだった。

孔子は国老という立場にあったので、葬儀は魯国の国葬で行われた。

君主の哀公は、偉大な国老孔子に対して、みずから次のような弔辞を捧げた。


天は、孔子をこの世にとどめることをせず、あの世に召してしまったのは、我々の悲しみなどを考えずに、まことに無情である。わたし一人だけをこの世に残して、君主の座に座らせているのは、どうしたことであろうか。この座にはわたしだけでなく、孔子も一緒に座していてほしかった。

わたしは寂しくて、悲しくて、病気にでもなりそうである。
ああ、哀しいかな、孔子よ。我々はあなたを失い、今は、自ら律する手本がなく、
途方に暮れている。

しかし、この哀公の弔辞に対して、子貢は怒りを押さえることが出来ず、

「死んでからこのような弔辞を捧げるくらいなら、なぜ生前に哀公は先生に宰相の地位につけて重用し、腕を存分に振わせてやらなかったのか。いくら弔辞とはいえ、この弔辞はそらぞらしすぎる」

と、葬儀のあと、孔子一門の人々に向かって言い放ったという。そして更につづけて、

「このような君主であるから、哀公は政治力がなく、おそらく魯の国で安らかにその最後を全うすることは出来ないであろう。哀公は、先生が生きている間は重用もしないのに、先生が死んでから、残念だ、悲しいと、弔辞を述べるだけである。そうしたごまかしは非礼である」

と、激しい非難の言葉を投げつけた。

孔子とともに数十年、苦労を共にしてきた子貢には、形式的な哀公の弔辞に、痛憤の無

念さを感じたのは、当然のことだったかもしれなかった。

孔子の遺体は、魯の国の国都曲阜（現在の山東省曲阜）の北にある、泗水《しすい》のほとりに葬られた。

多くの弟子たちの中で、とくに顔回、子路、子貢の三人は、高弟といわれていた。しかし、すでに顔回と子路はこの世にいない。したがって、子貢が最高弟子の立場にあった。

そこで子貢が葬儀や、孔子の死後のことをいっさい取りしきった。

そして、孔子を慕う弟子たちは、大勢、孔子の墓の周辺に住みつき、三年の喪に服した。

しかし、最高弟子の立場にあった子貢は、三年の喪が終わってもその場を去ることなく、さらに三年間、孔子の墓の横の庵で喪に服し、あわせて六年の喪に服したのであった。


その後、弟子や、孔子を慕う人たちが孔子の家の周囲に住むようになり、その数は百あまりにのぼるようになった。

やがてその地は孔里《こうり》とよばれるようになり、廟も建てられ、遺品も集められた。そして、孔子をしのんで訪れる人の波は、後々までも続き、それは二千五百年近くたった今日でも変わらないのである。

あとがき

私は、平成十四年に「二宮金次郎の一生」という本を書いたが、書いていると次第に二宮金次郎の上に、孔子の面影が重なってきた。そのため二宮金次郎を書き終わると、自然に筆が孔子へと向かったのである。それは二人の思想や、その生涯が、非常に似ているからであった。

孔子は、今から二千五百五十年ほど前に中国に生まれ、釈迦《しゃか》、キリスト、ソクラテスと並んで、世界の四大聖人と呼ばれる偉大な聖人である。したがってその人柄は、生まれながらに徳をたたえ、世の動きなどからは超然とした、近づきがたい聖君子のように思いがちであるが、しかしその生涯を見ると、決してそうではない。下層階級に生まれた孔子は、勉学と努力によって、政治の世界の上層階級へと昇り、生涯、世の荒波にもまれながら、政治の世界に自分の理想を実現しようとした、理想主義者であった。

二宮金次郎が農村に生まれながら、たえず広い世界を求めて、勉学、努力し、江戸時代末期において、広大な農村復興という理想を実現した生涯と、非常に似ている。

二人の生きた時代は二千四百年も隔たっており、互いに関係はないのであるが、世界の歴史をひもとくと、時と所は違っても、偉大なる人物には共通点があるということではなかろうか。

思想面で孔子と二宮金次郎に共通している点は、

(仁の政治)

の実現である。

今から二千五百年前の、中国の春秋戦国の時代において、孔子はなんとかして「仁の政治」を実現しようとした。二宮金次郎もそれから二千四百年後の、日本の江戸時代の藩に、農村復興を通して「仁の政治」を実現しようとした。その「仁」の理想実現への、志の高さと、奮闘の生涯が、我々を感動させるのである。

孔子は、人生の前半において、魯の国(生まれた国)の司寇《しこう》という高官の位に昇り、君主を援けて、仁の政治を実現した。

しかし、政敵に敗れて、人生の後半は魯の国を出て、諸国を遍歴した。その遍歴は、一見、仕官を求めての遍歴のように見えるのだが、実は「仁の政治」を行う君主を求めての旅だったのである。しかし時は、春秋の下剋上、戦乱の時代であったので、仁の政治などを志す君主はなかなか見つからなかったのである。

これは、二宮金次郎が各藩の農村復興を引き受けるにあたって、どの藩主にも「仁の政治」を説得し、藩主が仁の政治を約束しなければ、農村復興の仕事を引き受けなかったのに似ている。

農村復興は農民のためにやるのである。だから藩主も、農民をいつくしむ仁の政治を行うのが条件だったのである。言ってみれば二宮金次郎の一生も、孔子と同じように、

（仁の政治を行う君主）

を求めての生涯だったといっていい。


もうひとつ二人が似ているところは、その教えの後世への残し方である。

二人とも偉大な教訓を後世に残している。孔子は有名な「論語」であり、二宮金次郎は「報徳記」や、「語録」、「夜話」などである。しかし、これらはいずれも、二人の死後に弟子たちが取り纏めたものであり、本人が書いたものではない。

ということは、二人とも偉大な思想家であったが、象牙の塔の学者ではない、実践の人

だったということである。二人とも、教えを書くことが目的ではなく、孔子は仁の政治を行い、二宮金次郎は仁の農村復興を行い、「仁の政治」を実践することが目的だったのである。

その実践の中から生まれた教えを、弟子たちが書きとめて、後世に伝えたのである。すなわち、二人の思想はいわば自分の体験の中から生まれた、実践哲学であった。たんなる机上の学問ではない。そこに二人の教えが、今の科学文明、機械文明の時代に、我々の胸を打ち、今の世に脈々と生きているゆえんである。

主要参考文献

孔子伝　白川　静　中公文庫
孔子　金谷　治　講談社学術文庫
孔子　加地伸行　集英社
儒教とは何か　加地伸行　中公新書
孔子の哲学　石川忠司　河出書房新社
孔子伝（上・下）　諸橋轍次　大修館書店
現代の論語　呉　智英　文藝春秋
孔子　内野熊一郎・西村文夫・鈴木總一共著　清水書院
論語の人間問答　狩野直禎　PHP文庫
論語　狩野直禎　ナツメ社
孔子の復活　季家正文　冨山房
よみがえる論語　色部義明　徳間書店

指導者論としての論語　色部義明　PHP研究所
孔子　井上　靖　新潮社
活かす論語　守屋　淳　日本実業出版社
孔子と論語がわかる事典　井上宏生　日本実業出版社
孔子　渋沢栄一（竹内均編・解説）　三笠書房
儒教の本　学習研究社
歴史読本「孔子の生涯特集」　新人物往来社

※本書は、平成十七年に出版した「孔子の一生」を、ソフトカバー化のため改題しました。

〈著者略歴〉
本名　大貫　満雄（おおぬき　みつお）
日本文藝家協会員。日本ペンクラブ会員。
1928年　浜松市生まれ。
1953年　東京大学法学部卒業。
協和銀行副頭取を経て、作家活動に入る。
著書に 「二宮金次郎の一生」「金原明善の一生」「保科正之の一生」「冀北の人　岡田良一郎」「秋風高天神城」「降格を命ず」「支店長の妻たち」「手形無惨」「声に出して活かしたい論語70」（正・続）（いずれも小社より出版）「大山巌」（PHP研究所）「児玉源太郎」（学習研究社）等多数ある。

孔子《こうし》の生涯《しょうがい》

令和3年5月20日　第1刷発行

著　者　三《み》戸《と》岡《おか》道《みち》夫《お》
発行者　石澤三郎
発行所　株式会社　栄光出版社
郵便番号　一四〇—〇〇〇二
東京都品川区東品川一—三七—五
電　話　（〇三）三四七一—一二三五
ＦＡＸ　（〇三）三四七一—一二三七

検印省略

印刷　モリモト印刷㈱

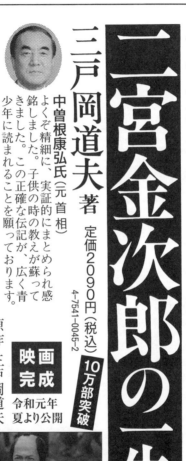

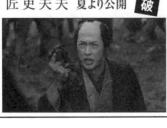